Nora Roloff

BUNTKÖPPE DER MUSIK

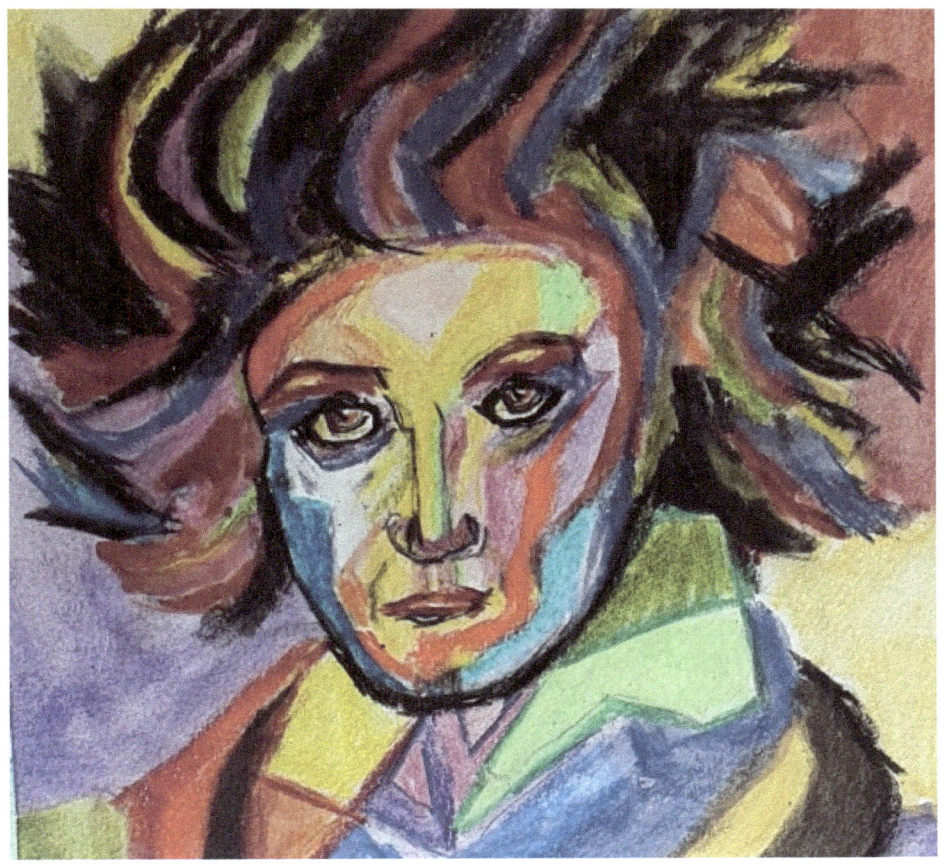

Vorwort

Natürlich gibt es in der Realität keine Buntköppe, Die gibt es aber in meinen Augen und durch meine Hände.

So auch im reichen Bereich der Musik. Es gibt so viele unterschiedliche Musiker und Komponisten, ob klassisch oder modern, die Musik ist so vielfältig bunt schillernd. Und so sind es vielleicht auch die Schöpfer und die Interpreten.

Ihnen möchte ich Bilder, Köppe in in Farbe geben; wobei es hier nur eine kleine Auswahl geben kann die auch meine Vorlieben verraten. Zugegeben, ein Beethoven oder auch ein Jimi Hendrix und all die anderen sind dadurch gehörig verfremdet. Aber ich hoffe, dass die Persönlichkeiten trotzdem und vielleicht sogar noch besser erkennbar sind.

Die Portraits sind auch mit einem Augenzwinkern malerisch dargestellt worden.

Ich wünsche Freude beim Betrachten und vielleicht auch eine Anregung, sich die Musik des einen oder anderen Künstlers wieder anzuhören.

Mit den Worten Ludwig van Beethovens: „Musik ist in der Tat der Mittler zwischen dem spirituellen und dem sinnlichen Leben."

Und John Lennon: „...Musik repräsentiert Freiheit."

Nora Roloff

Copyright © 2024 Dr. Nora Roloff

Ellerried 45, D-19061 Schwerin

JOHN LENNON

(1940 – 1980)

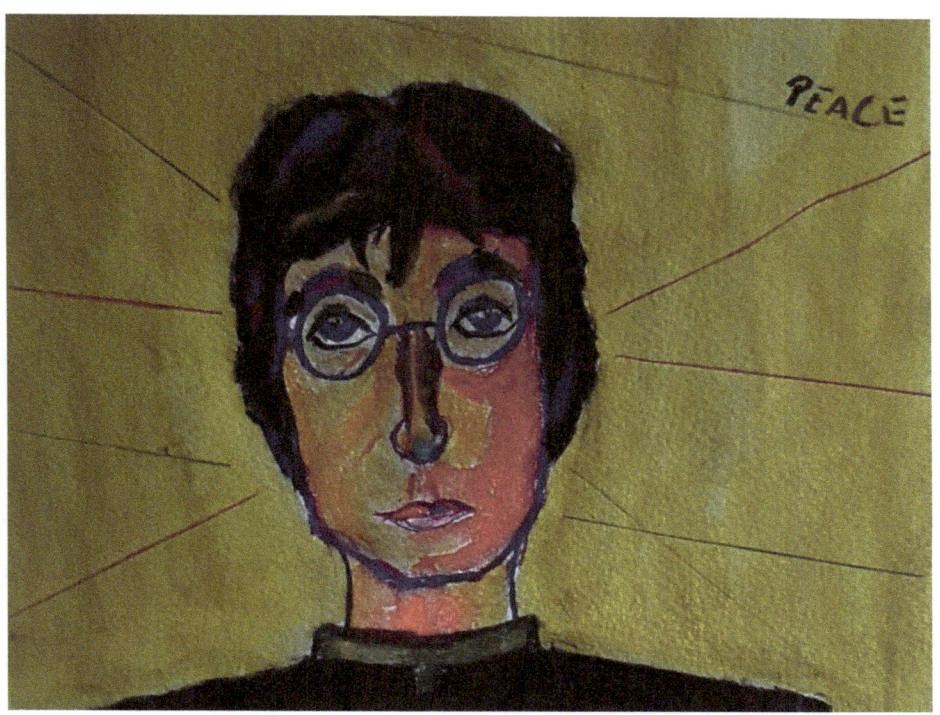

Britischer Musiker, Sänger, Komponist, Friedensaktivist, Mitbegründer The Beatles.

„Frieden ist nichts, was Du Dir wünschst, es ist etwas, das du machst, etwas, das du bist, das du verschenkst."

MICK HUCKNALL

(*1960)

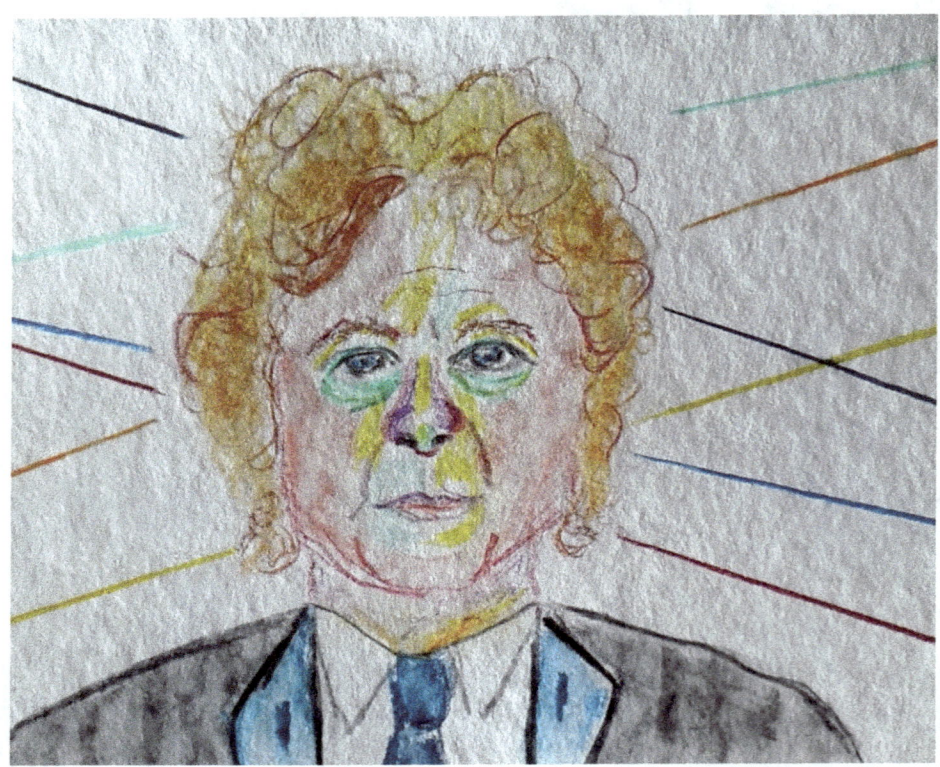

Britischer Musiker und Gründer von Simply Red

„Fuck it, ich will Spaß haben! Davon profitiert ja auch das Publikum, weil es meinen Konzerten tanzen und mitsingen kann."

ED SHEERAN

(*1991)

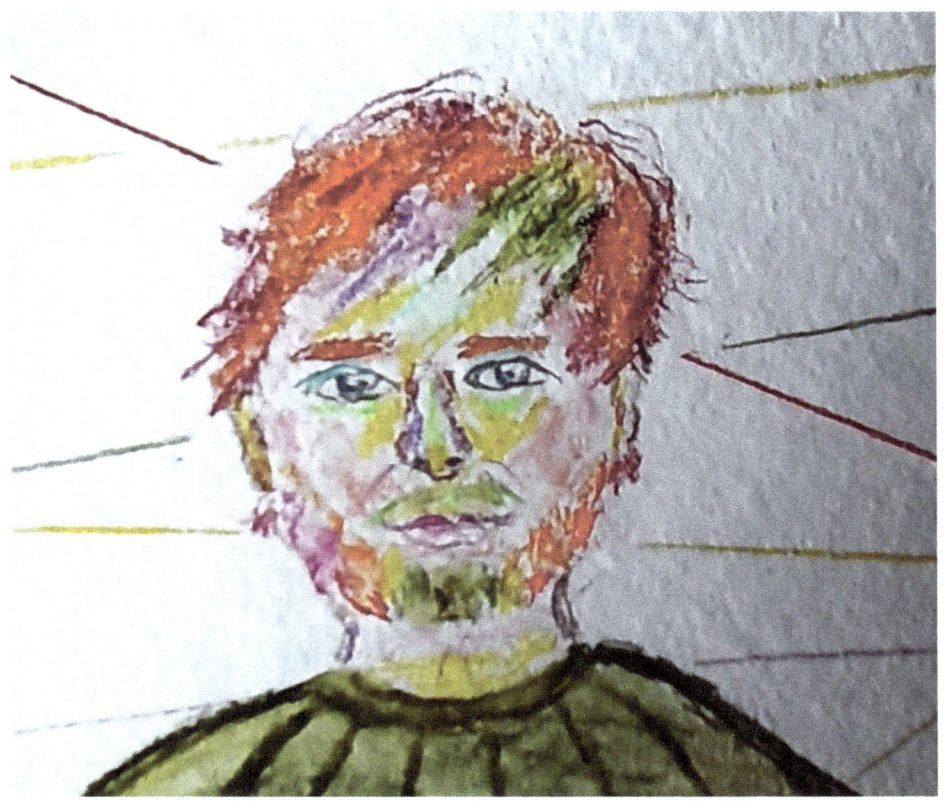

Britischer Singer – Songwriter

„Ich denke, das Musik die Fähigkeit hat, die Dinge zu verändern und die Welt zu verbessern."

HERBERT GRÖNEMEYER

(*1956)

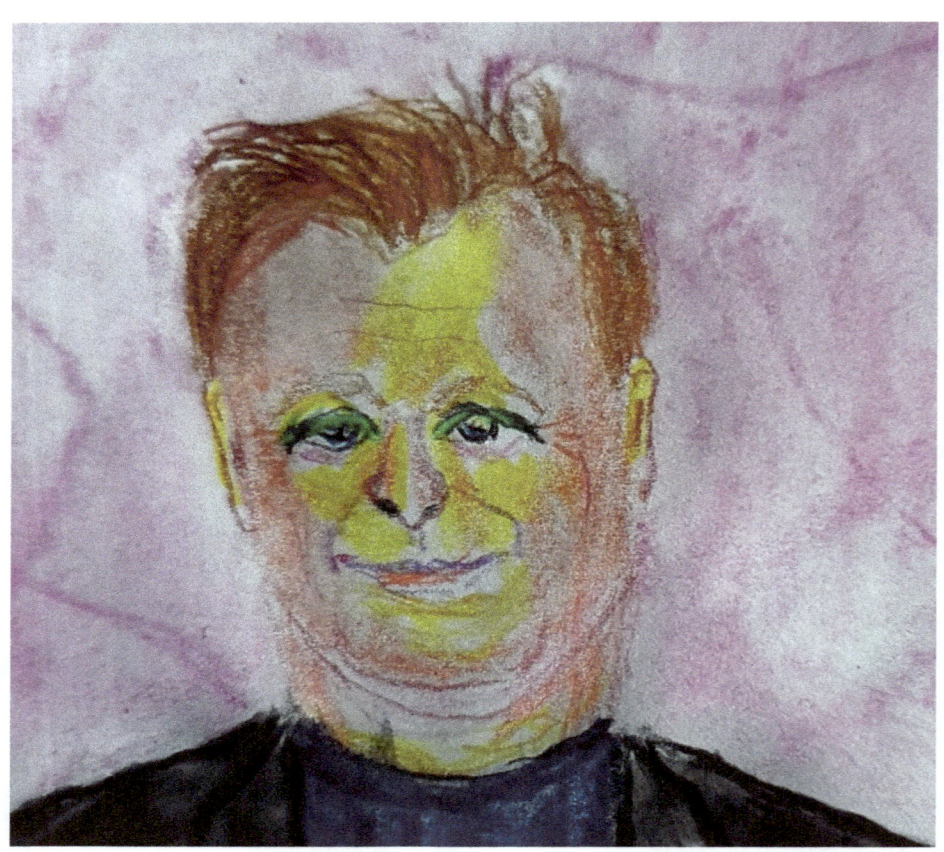

Deutscher Musiker, Sänger, Komponist und Schauspieler
„Lache, wenn's nicht zum Weinen reicht."

ELVIS PRESLEY

(1935 – 1977)

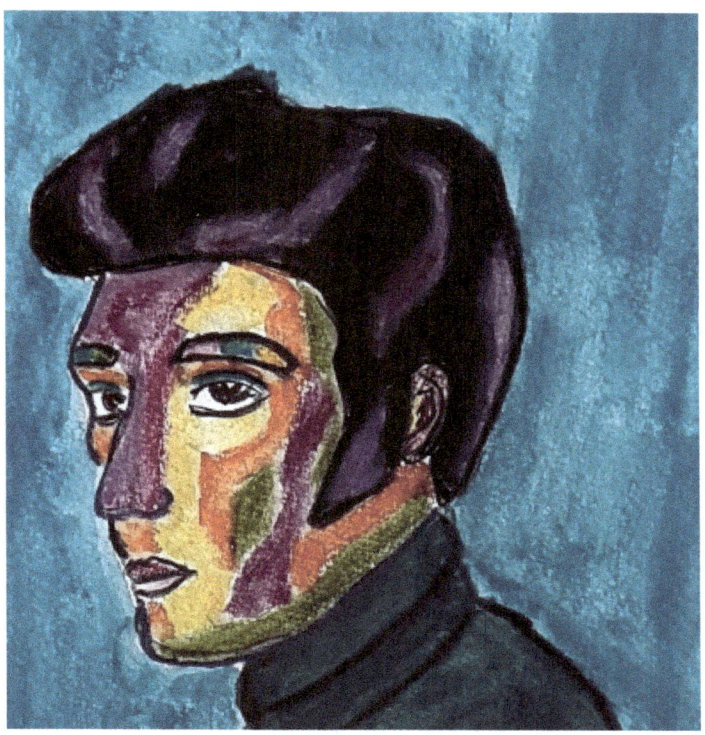

US-amerikanischer Sänger, Musiker und Schauspieler

„Die Wahrheit ist wie die Sonne, du kannst sie für eine Weile verbergen, aber sie wird nicht verschwinden."

LUDWIG VAN BEETHOVEN
(1770 – 1827)

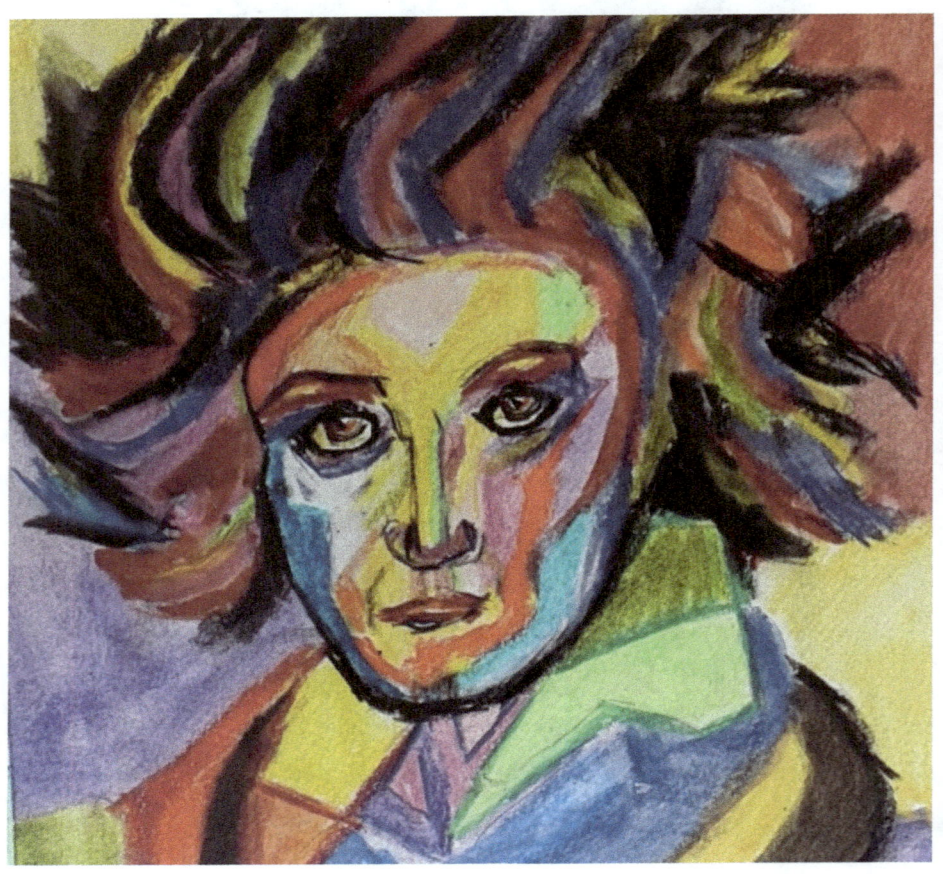

Deutscher Komponist und Pianist

"Musik ist höhere Offenbarung als alle Weisheit und Philosophie."

NEIL YOUNG

(*1945)

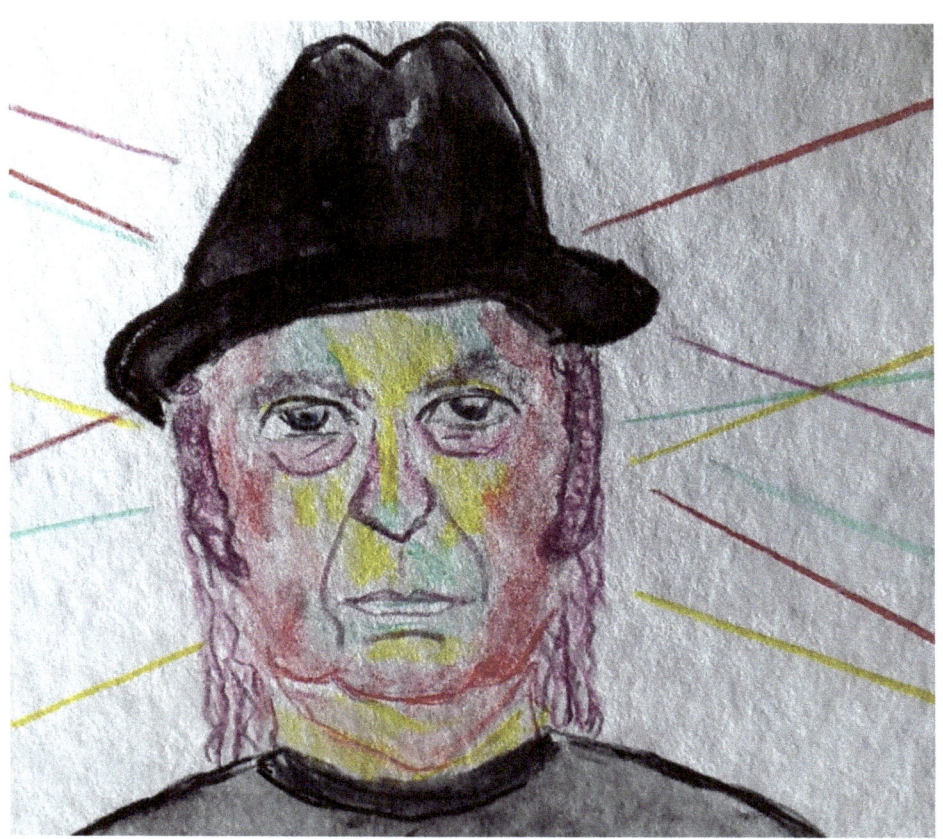

Kanadischer Musiker, Singer-Songwriter und Filmemacher

„Es ist besser zu brennen als auszubrennen."

WOLFGANG AMADEUS MOZART

(1756 – 1791)

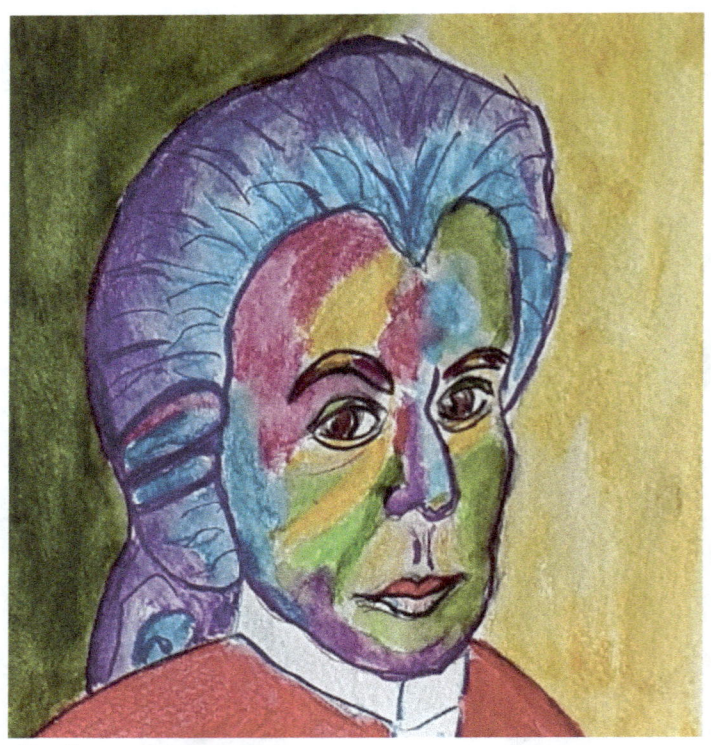

Salzburger Musiker und Komponist.
„Musik darf das Ohr nie beleidigen sondern muss vergnügen."

BOB MARLEY

(1945 – 1981)

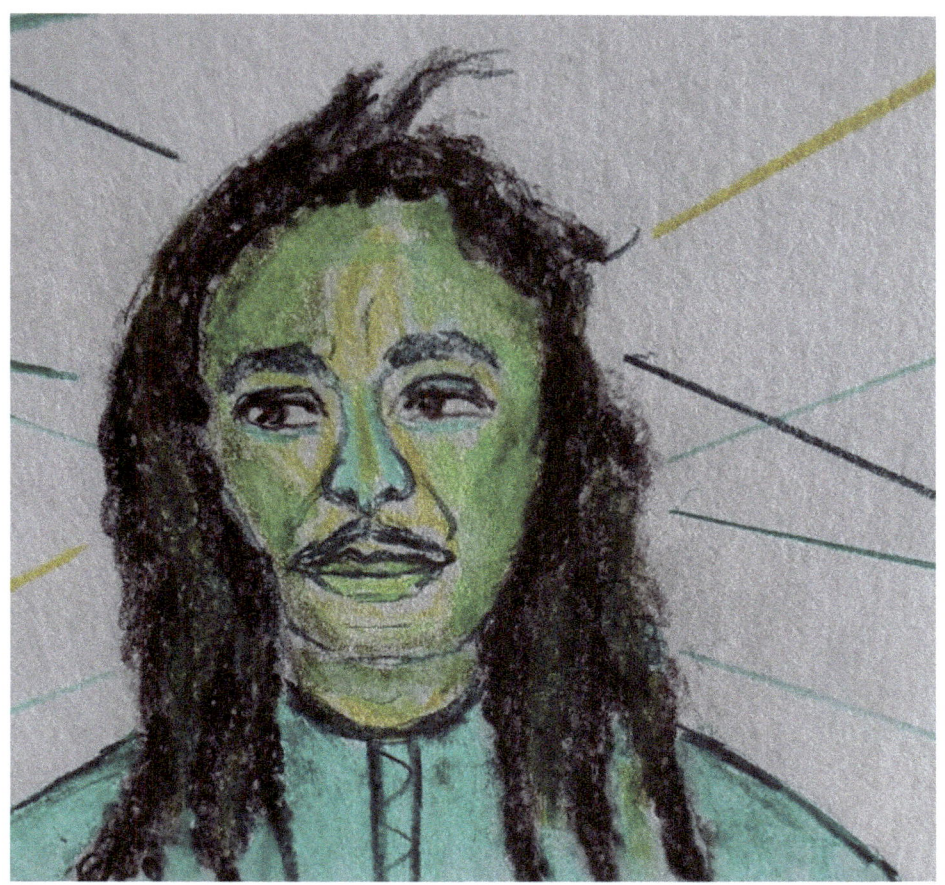

Jamaikanischer Reggae Sänger, Gitarrist, Songwriter und Aktivist

„Manche Menschen können den Regen spüren. Andere werden nur nass."

BRUCE SPRINGSTEEN

(*1949)

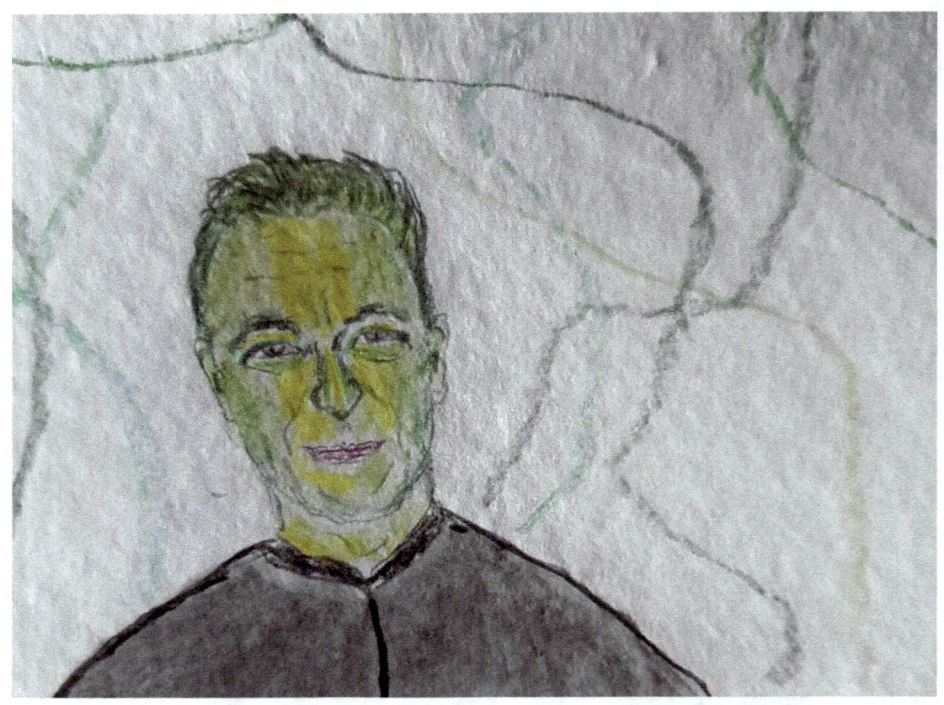

US-amerikanischer Rocksänger, Gitarrist, Komponist. Bandleader der E-Street Band. The Boss.

„Sprich über Deine Träume und versuche, sie wahr zu machen."

OZZY OSBOURNE

(*1948)

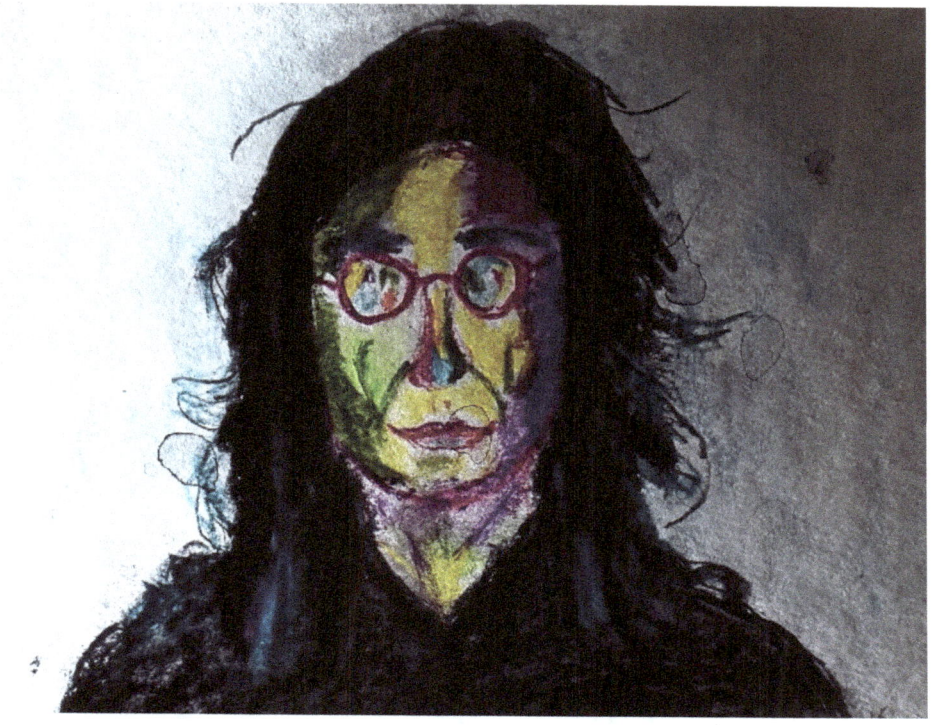

Britischer Rockmusiker, Lead-Sänger der Band Black Sabbath.

„Vielleicht ist es nicht zu spät, um zu lernen, zu lieben und vergessen zu hassen."

ROD STEWARD

(*1945)

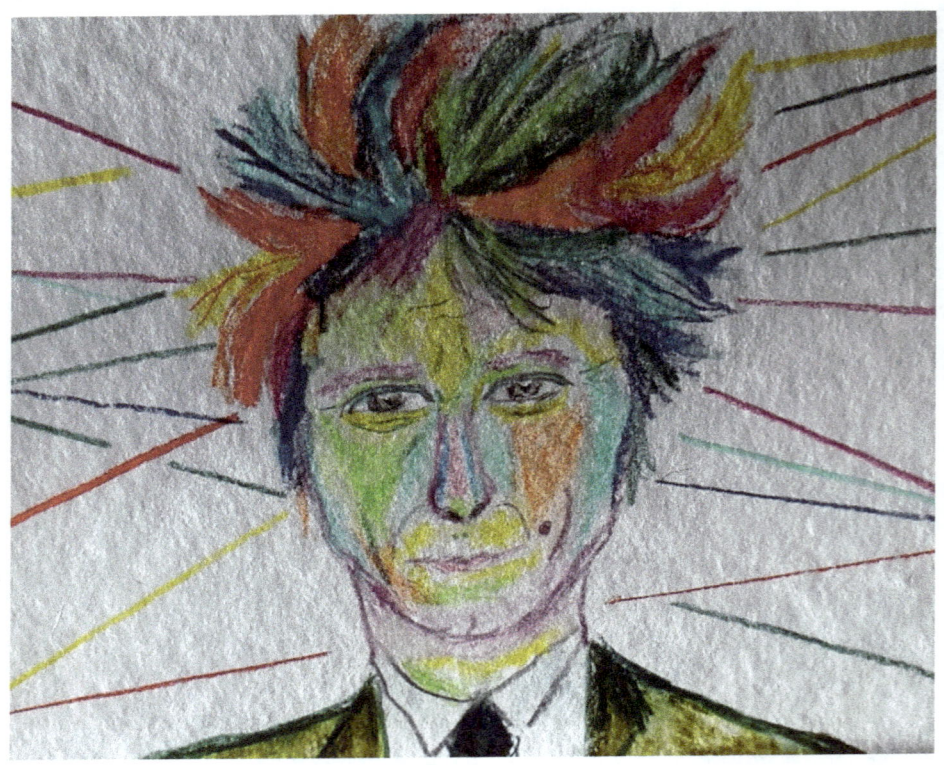

Britischer Rock- und Popsänger. Ultimativer Fan von Celtic Glasgow.
„Ich bin ein Rockstar, weil ich kein Fußballstar sein kann."

FRANZ-JOSEPH HAYDN

(1732 – 1809)

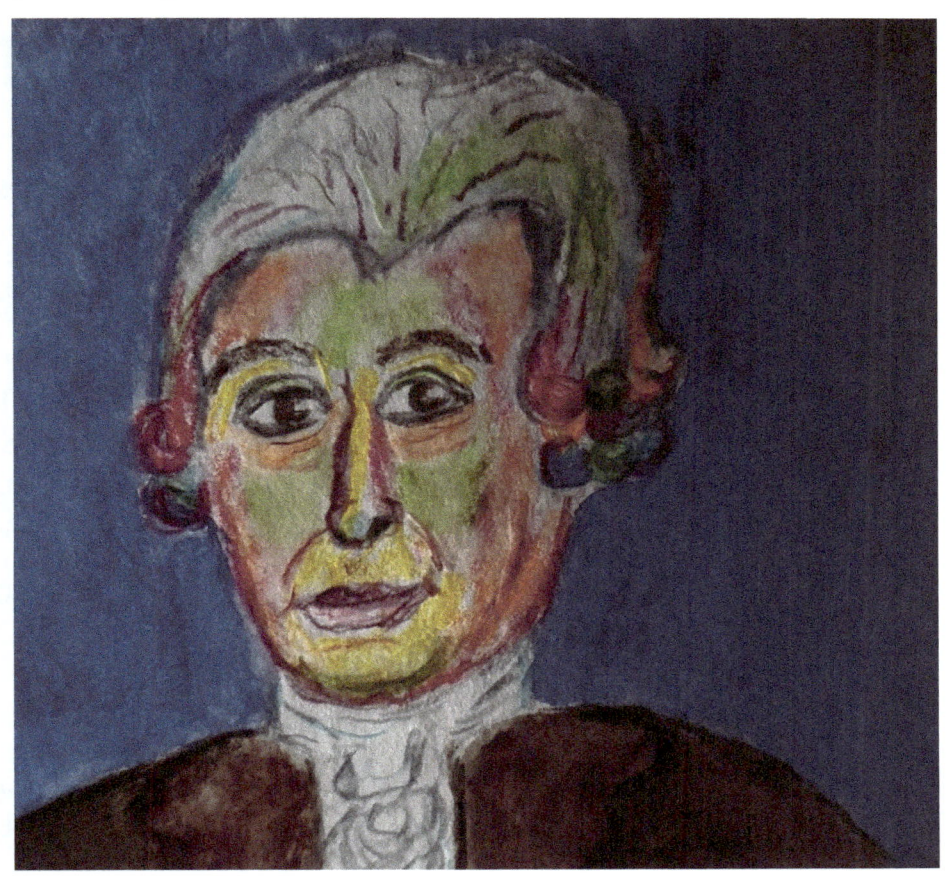

Österreichischer Komponist der Wiener Klassik, Opernkomponist

„Meine Sprache versteht die ganze Welt."

STEVE WONDER

(*1950)

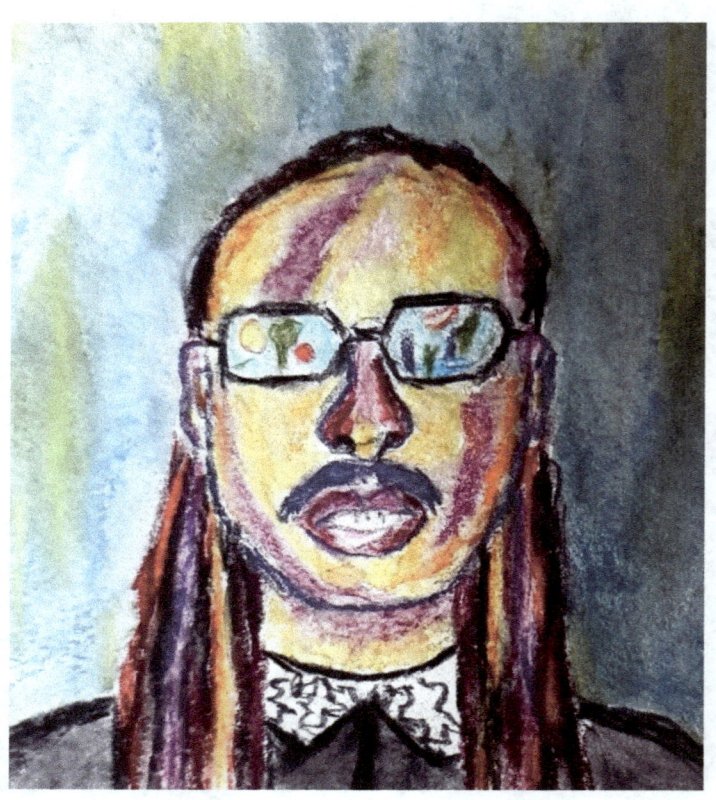

US-amerikanischer Soul- und Popsänget, Komponist

„Die Zeit ist lang, aber das Leben ist kurz."

JIMI HENDRIX

(1942 - 1970)

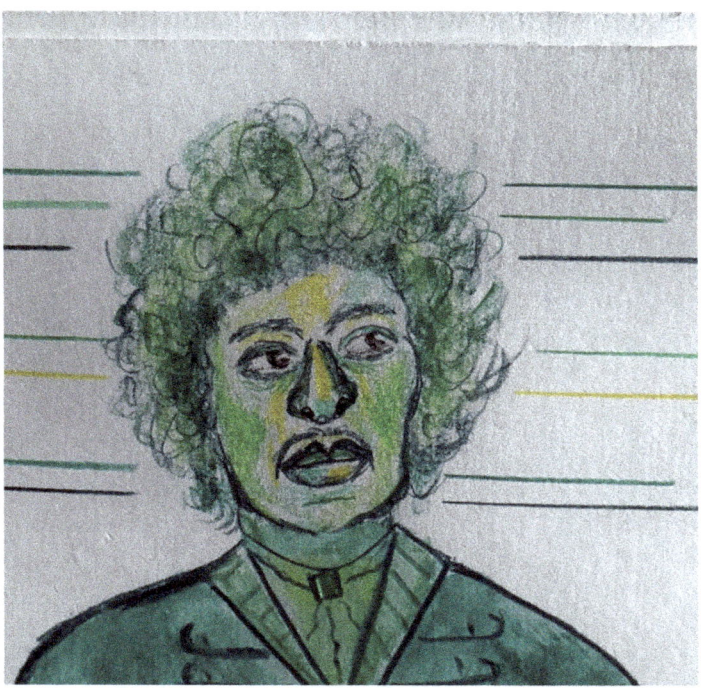

US-amerikanischer Gitarrist, Sänger, Komponist

"Protest ist Schnee von gestern. Heutzutage wollen die Leute Lösungen, nicht einfach Protestgeschrei."

SANTANA

(*1947)

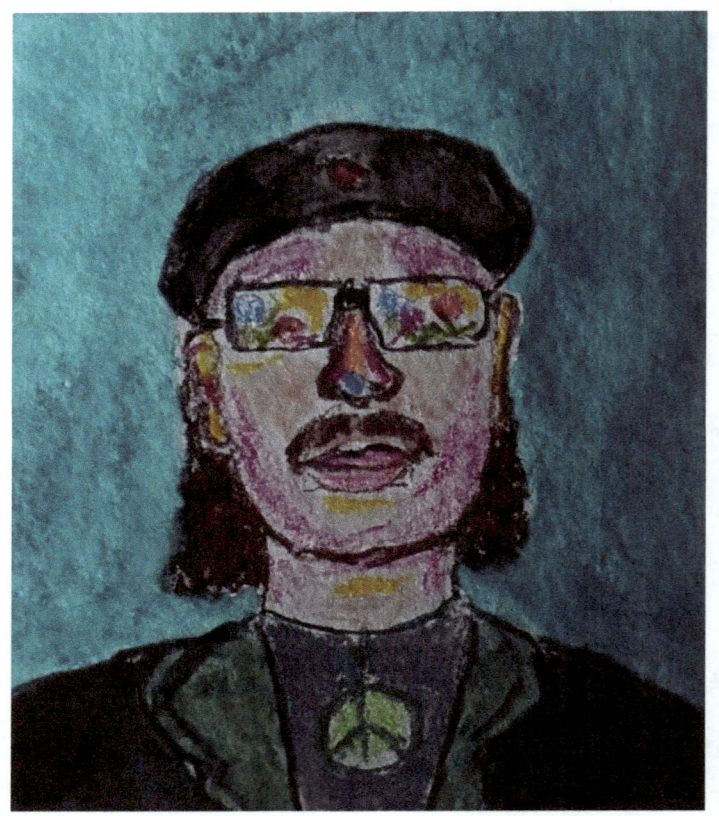

US-amerikanischer Gitarrist mexikanischer Herkunft, Komponisten

„*Der wertvollste Besitz eines Menschen ist ein offenes Herz. Die mächtigste Waffe ist es, ein Instrument des Friedens zu sein.*"

JANIS JOPLIN

(1943 – 1970)

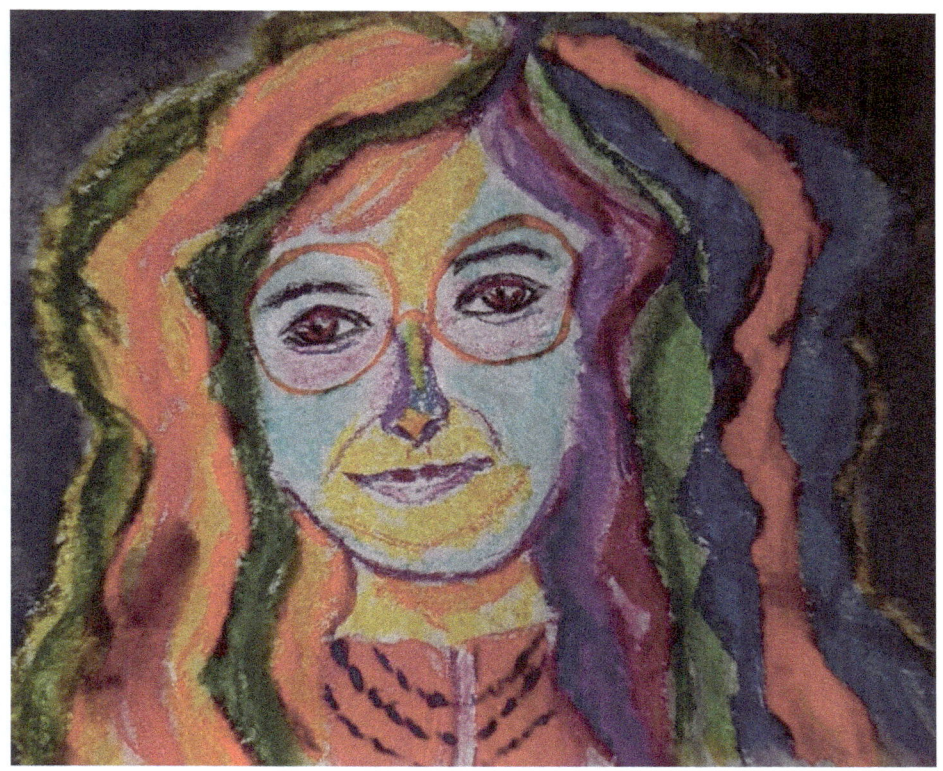

US-amerikanische Rock- und Bluessängerin

„Freiheit ist nur ein anderes Wort dafür, dass man nichts zu verlieren hat."

CAT STEVENS (YUSUF)

(*1948)

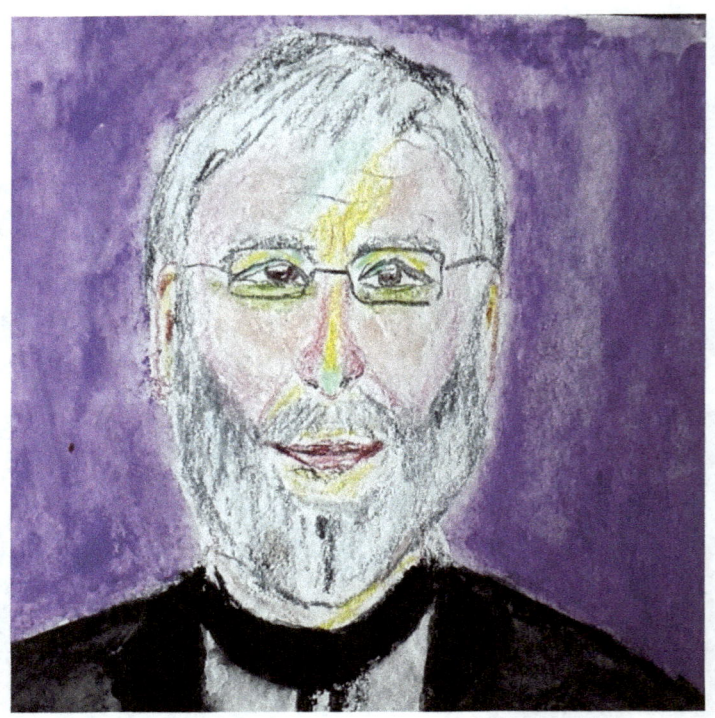

Britischer Sänger und Songwriter
„Die Bildung ist das höchste Gut, das wir unseren Kindern bieten können."

FREDERIC CHOPIN

(1810 - 1849)

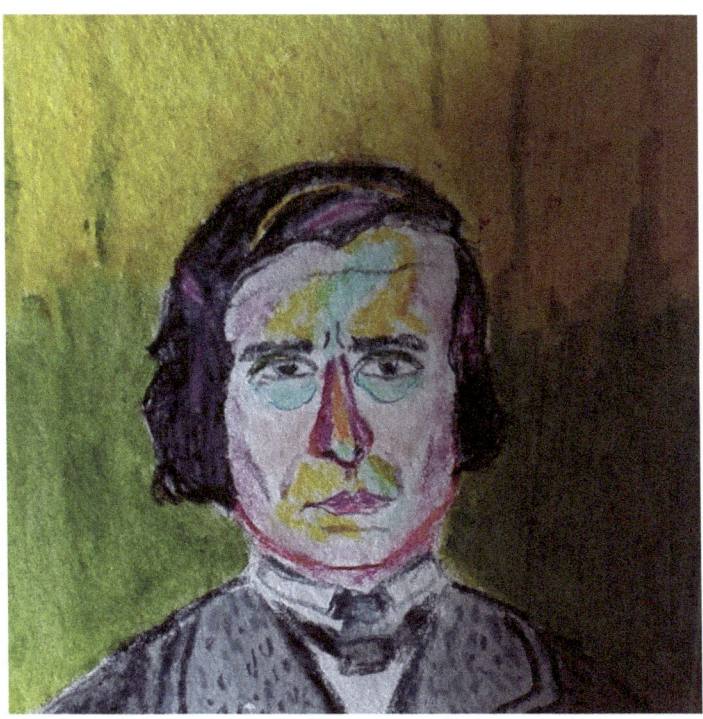

Polnischer Komponist, Pianist, Klavierpädagoge

„Kunst ist die Vernunft selbst, die durch das Genie verschönt ist, aber einen vorgeschriebenen Weg geht und durch höhere Gesetze in Schranken gehalten wird."

FRANZ LISZT

(1811 – 1886)

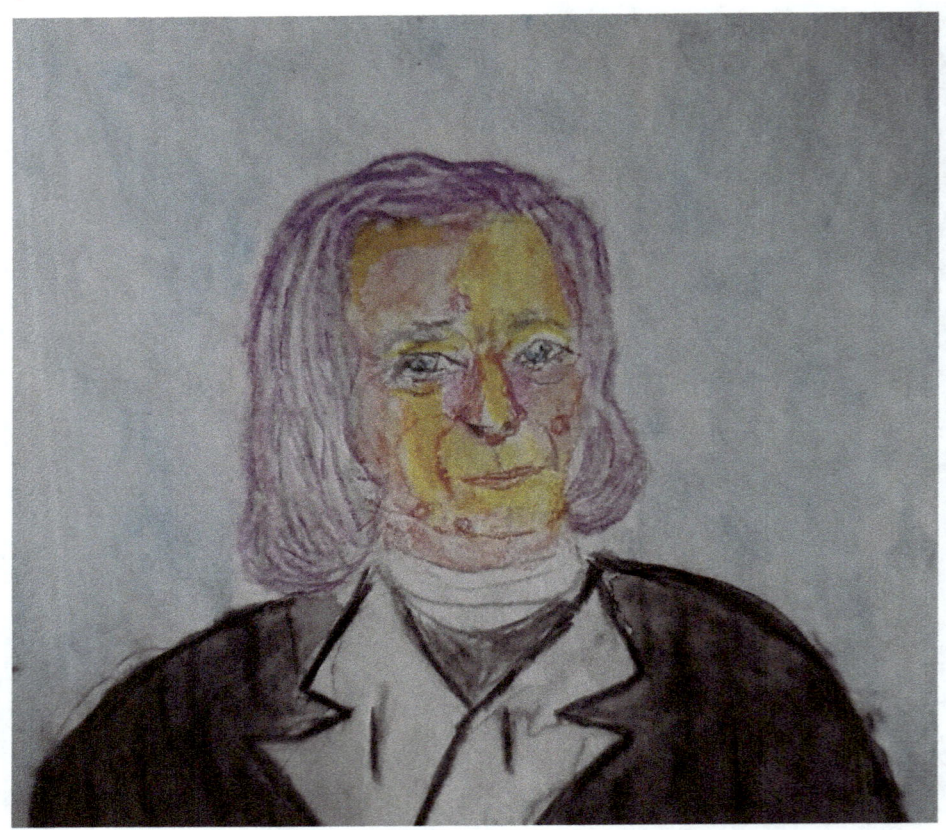

Österreichisch-ungarischer Komponist, Pianist, Dirigent, Theaterleiter, Musiklehrer und Schriftsteller

„Glücklich, wer mit den Verhältnissen zu brechen versteht, ehe sie ihn gebrochen haben."

UDO LINDENBERG

(*1946)

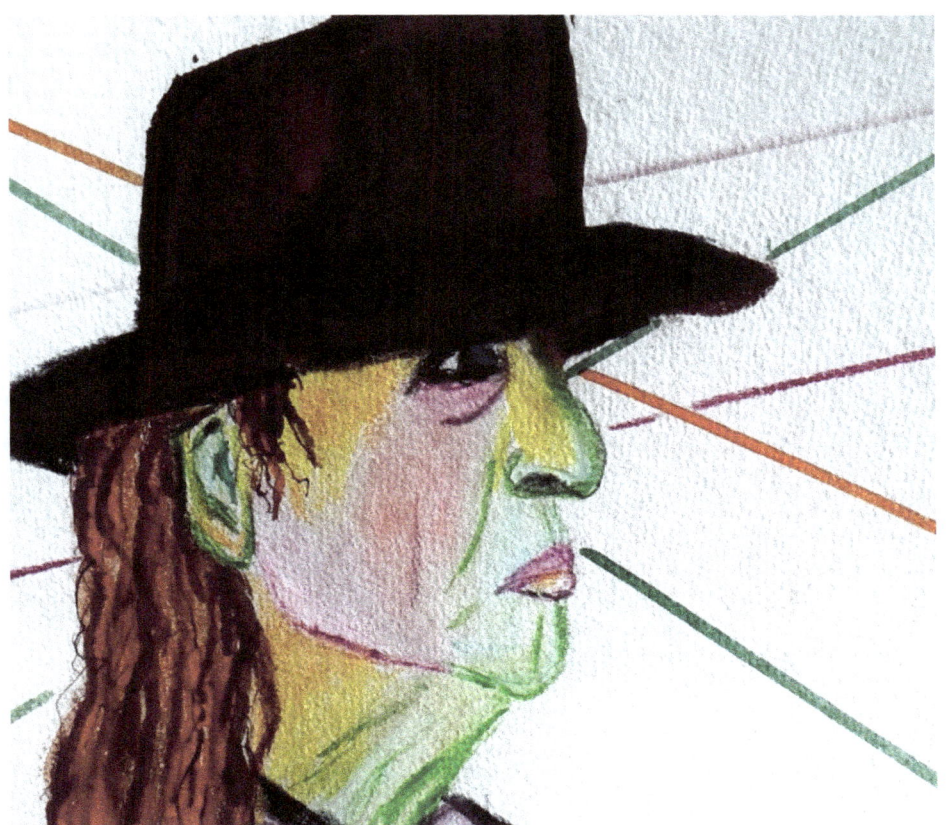

Deutscher Rock- und Jazzmusiker, Maler, Schriftsteller

„Jeder Tag ist gleich lang, aber nicht jeder gleich breit."

BOB DYLAN

(*1941)

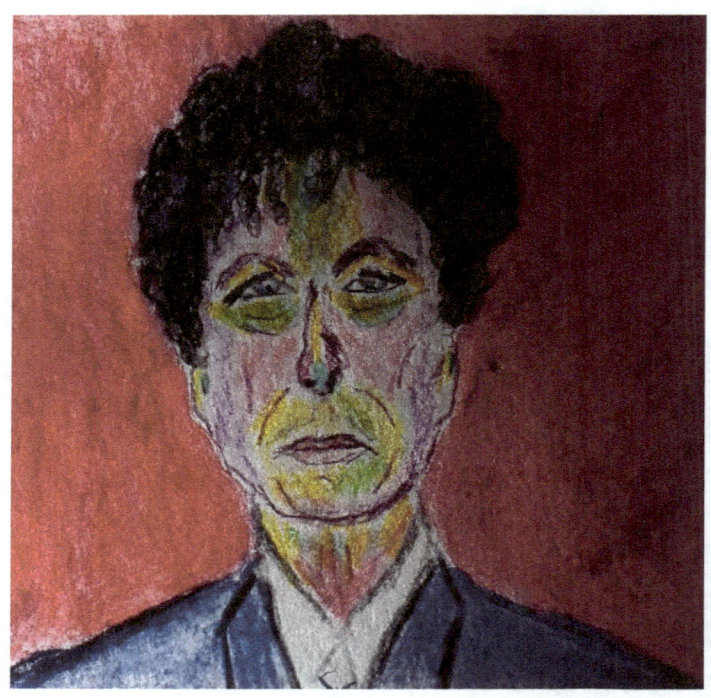

US-amerikanischer Singer-Songwriter, Lyriker, Multiinstrumentalist

„*Meine Musik bekämpft das System, das uns beibringt zu leben und zu sterben.*"

MICK JAGGER

(*1943)

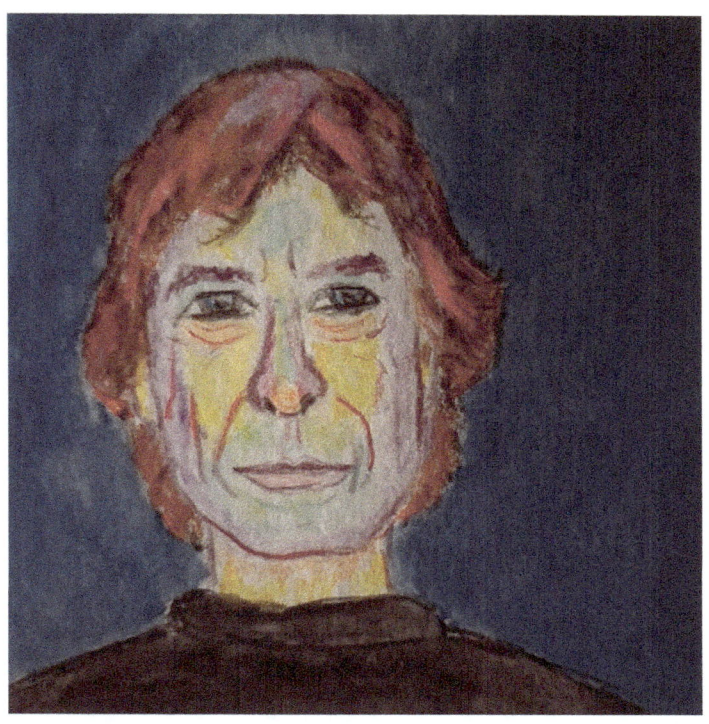

Sänger, Songwriter, Rolling Stone
„Verliere deine Träume und du könntest deinen Verstand verlieren."

DAVID BOWIE

(1947 – 2016)

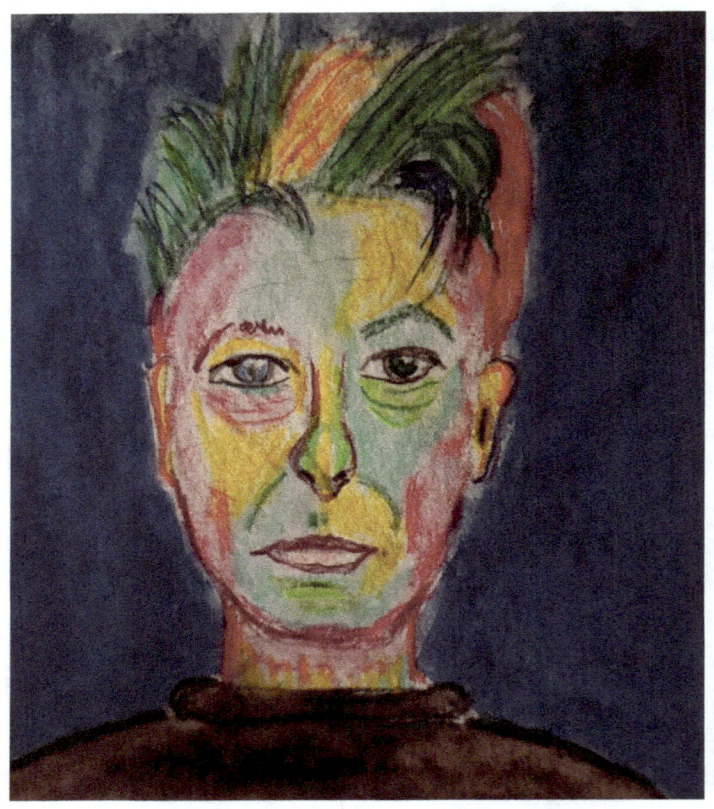

Britischer Musiker, Sänger, Produzent, Schauspieler
„Alle Dinge beginnen in der Ewigkeit und hören auch dort auf."

LEONHARD COHEN

(1934 – 2016)

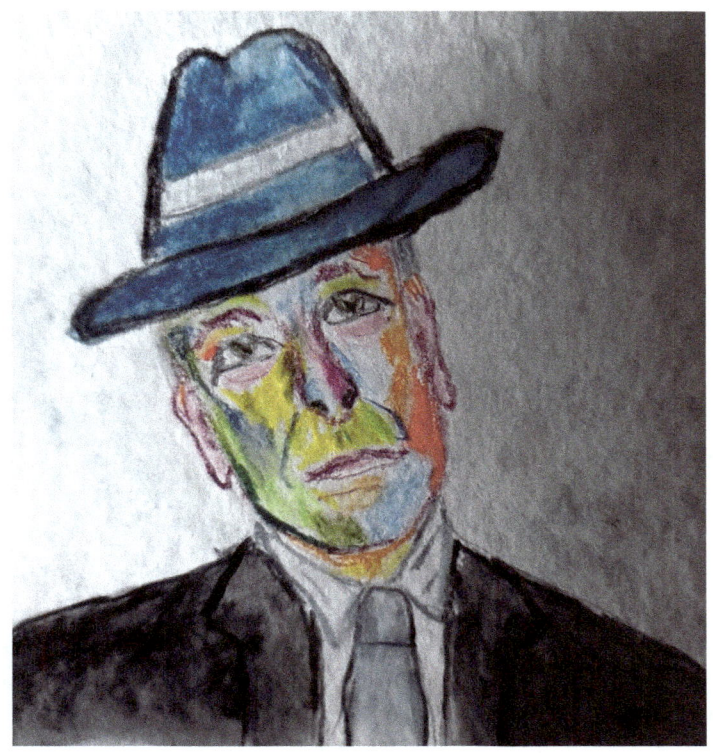

Kanadischer Singer-Songwriter

„*Viele Songs sind meine Antwort auf die Schönheit, die sich mir offenbart hat.*"

SLASH

(*1965)

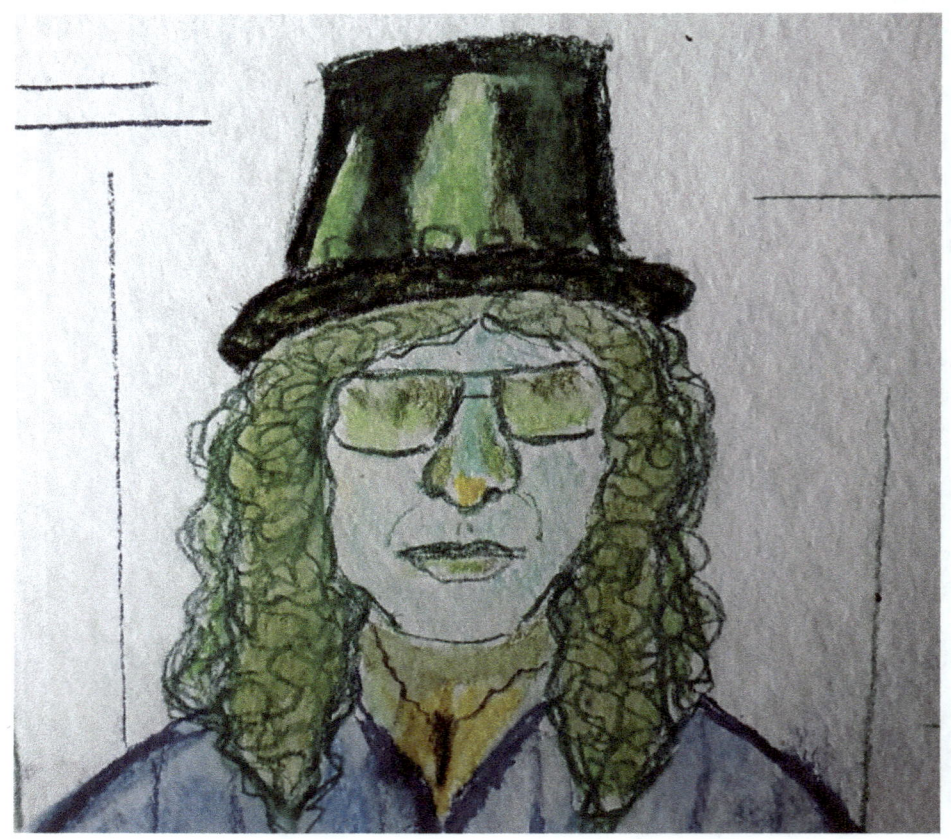

US-amerikanischer Gitarrist („Guns `N Roses)

„Ich hatte nicht den Wunsch, Musiker zu werden, doch dann bekam ich eine Gitarre für zwei Sekunden in meine Hände und habe sie seitdem nicht mehr weggelegt."

JEFF LYNNE

(*1947)

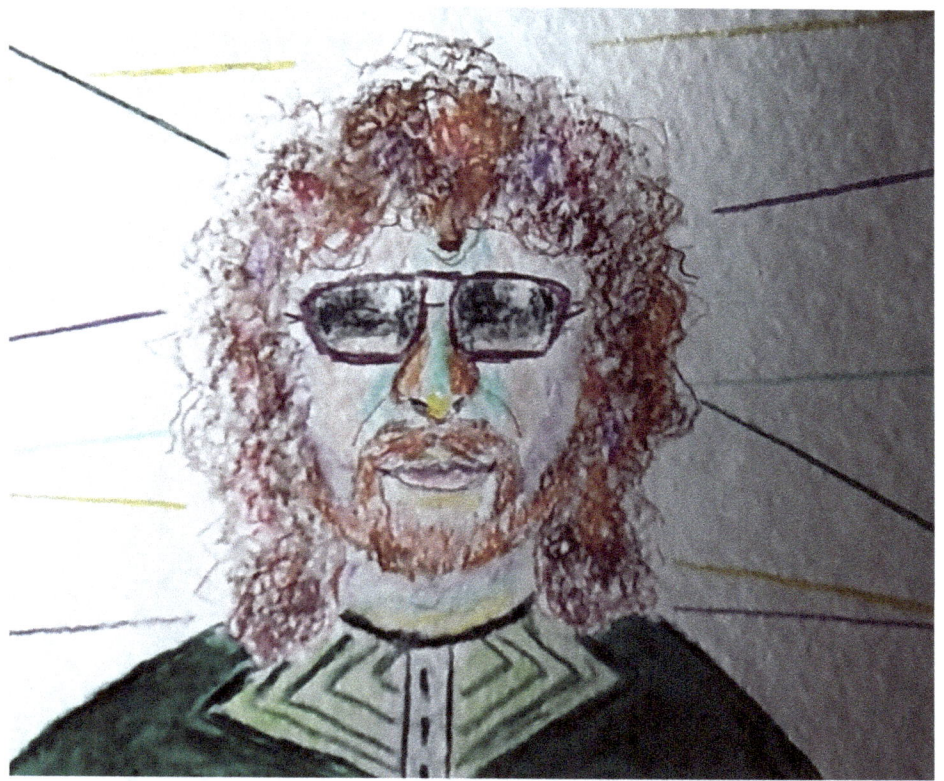

Britischer Musiker, Musikproduzent („Electric Light Orchestra")
„Musik ist meine erste Liebe."

LEONARD BERNSTEIN

(1918 – 1990)

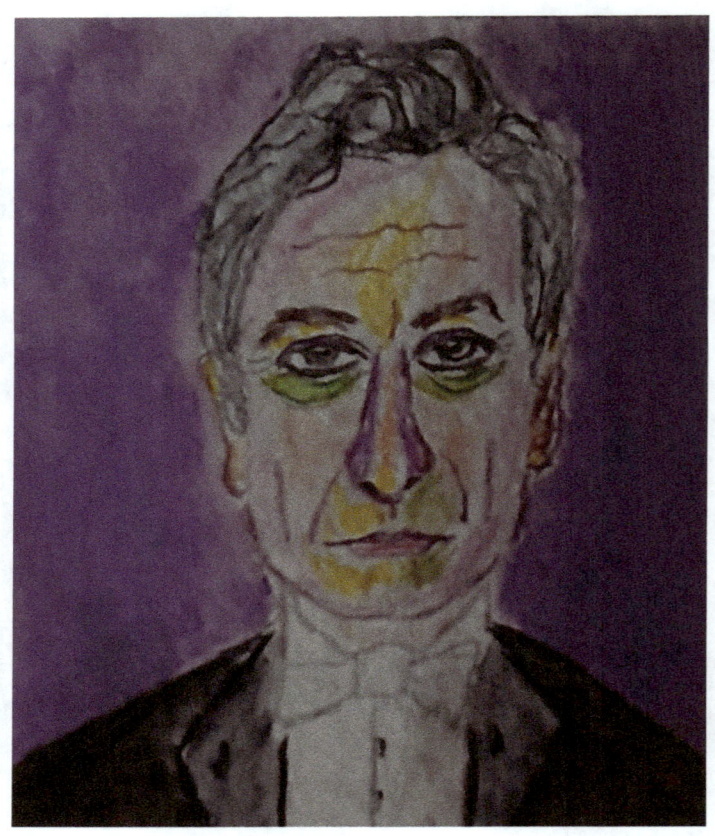

US-amerikanischer Komponist, Dirigent, Pianist

„Die Liebe zur Musik ist ein Glaube, wie immer man sich drehen und wenden mag."

MICHAEL JACKSON

(1958 – 2009)

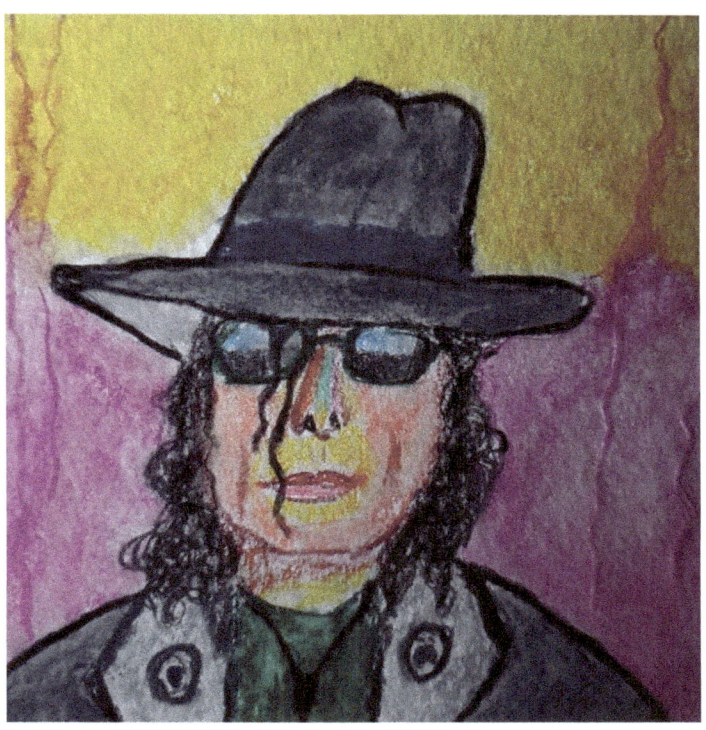

US-amerikanische Pop-, Soul-, R&B-, Disco und Rocksänger, Tänzer, Songwriter

„*Glaube immer an dich selbst und kümmere dich nicht, wenn andere dich mit negativer Energie bewerfen.*"

ROGER WATERS

(*1943)

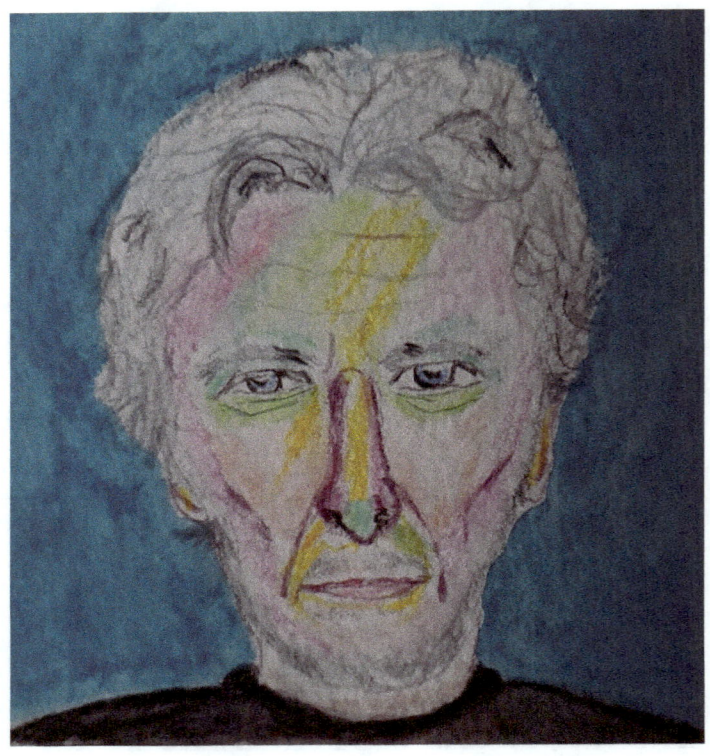

Britischer Sänger, Gitarrist, Komponist, Texter und Musikproduzent (Pink Floyd)

„*Glück entsteht dort, wo wir den Standpunkt und die Bedürfnisse eines anderen verstehen.*"

ROBERT PLANT

(*1948)

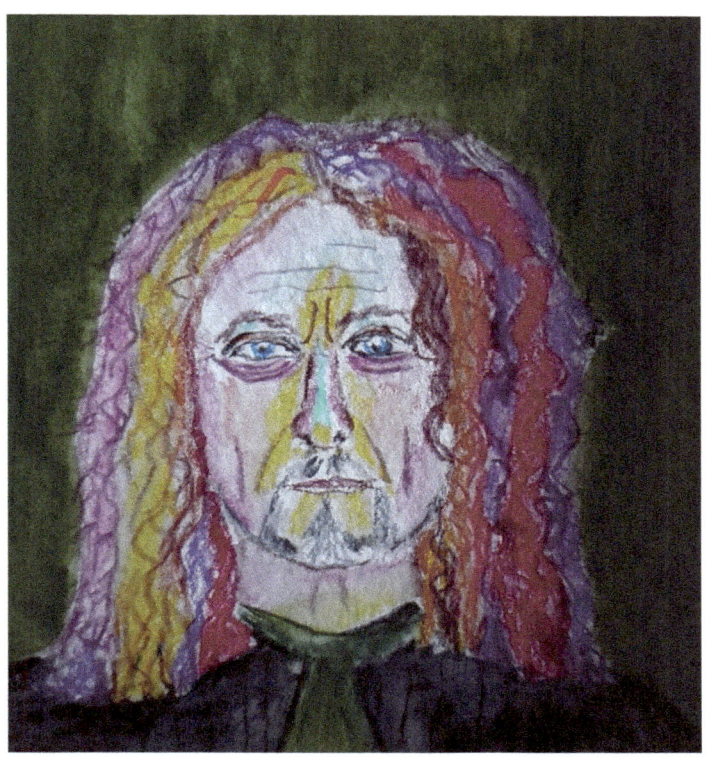

Britischer Rocksänger („Led Zeppelin")

„*Ich gehe gerne vollkommen in der Musik auf. Mich reizt diese Verzückung, wenn der Kopf weit wird."*

PRINCE

(1958 – 2016)

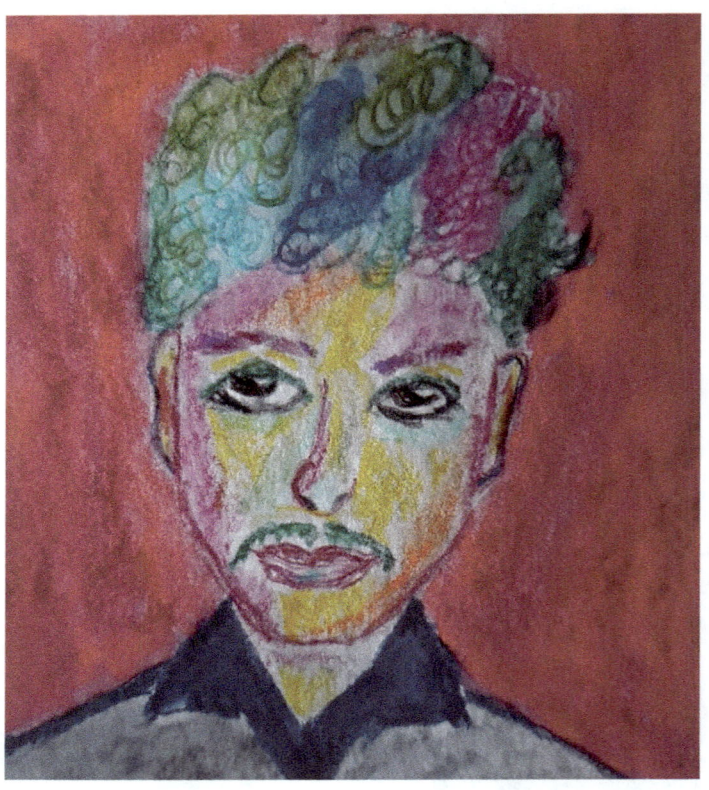

US-amerikanischer Sänger, Komponist, Songwriter, Multiinstrumentalist
„Jeder Tag ist ein Geschenk und ich betrachte ihn als Neuanfang."

LENNY KRAVITZ

(*1964)

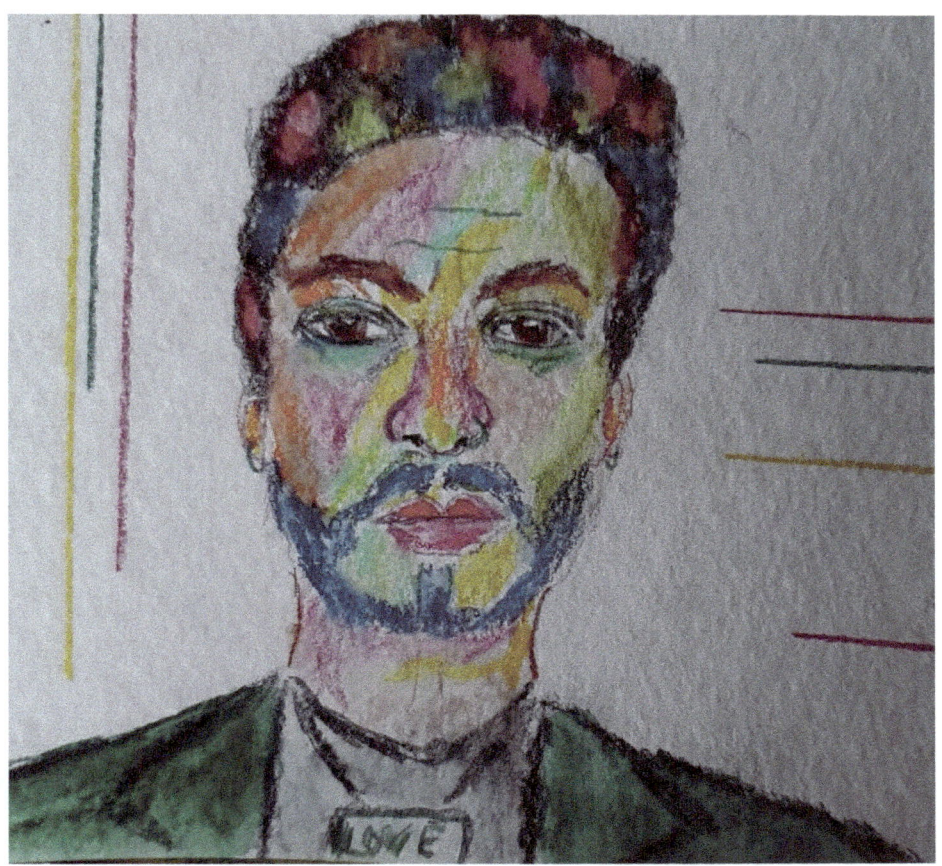

US-amerikanischer Rocksänger, Songwriter, Musikproduzent, Schauspieler

„Liebe, Kreativität und Chancen liegen in der Luft. Nimm es auf und mach dein Ding."

JOHANN SEBASTIAN BACH

(1685 – 1750)

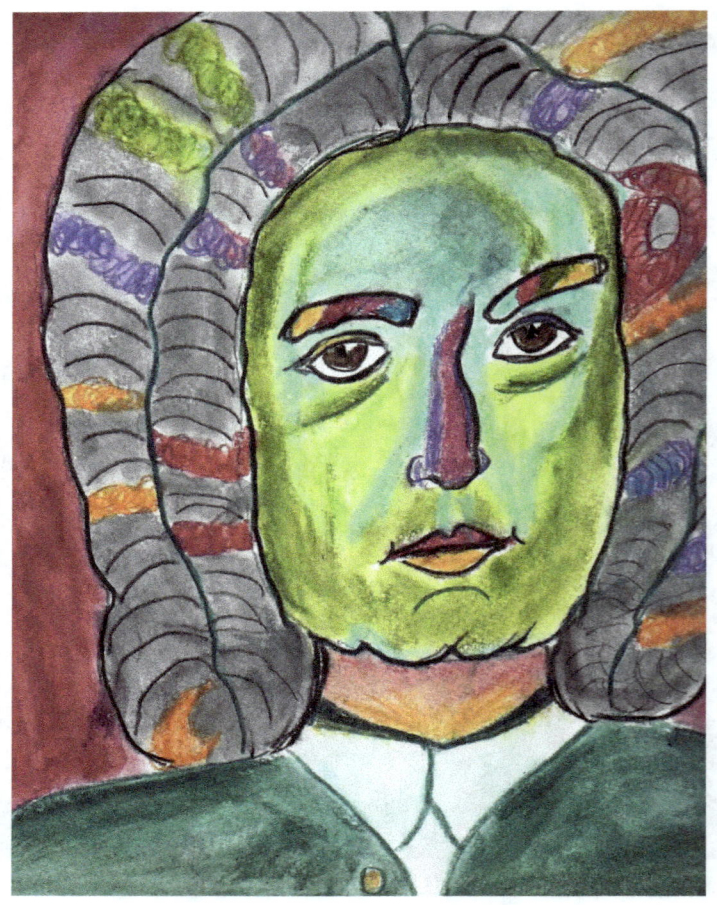

Deutscher Komponist, Violinist, Organist, Thomaskantor

„Alle, was man tun muss, ist die richtige Taste zum richtigen Zeitpunkt zu treffen."

JOE COCKER

(1944 – 2014)

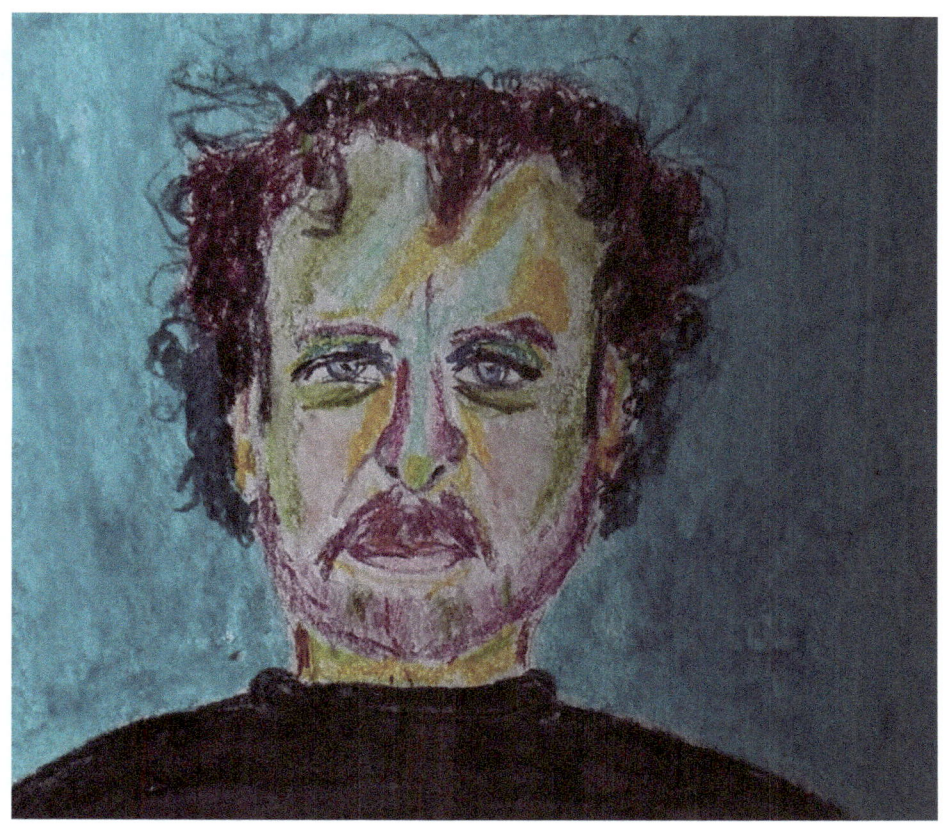

Britischer Rock- und Bluessänger

„*Es müsste immer Musik da sein. Bei allem, was du machst. Und wenn's so richtig Scheiße ist, dann ist wenigstens noch die Musik da.*"

TOM PETTY

(1950 – 2017)

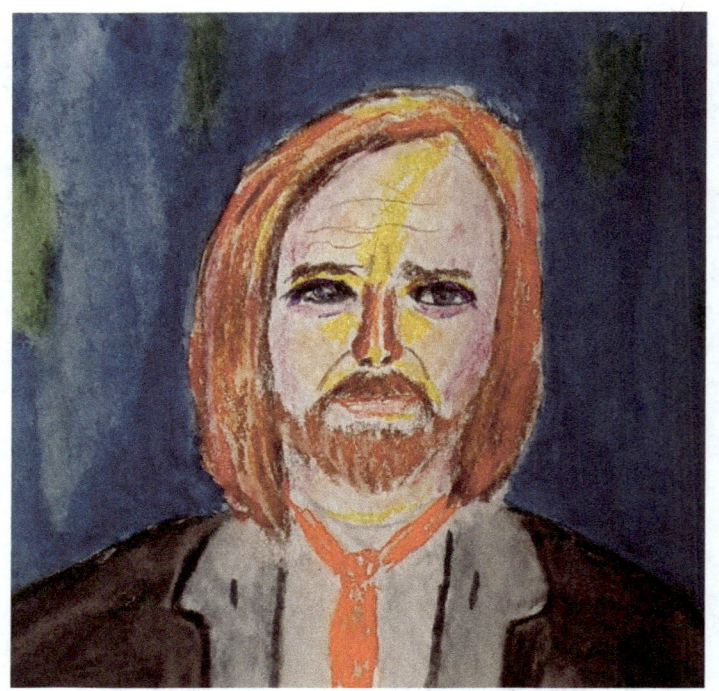

US-Amerikanischer Musiker

„Die Freiheit ist nicht die Willkür, beliebig zu handeln, sondern die Fähigkeit, vernünftig zu handeln."

ALICE COOPER

(*1948)

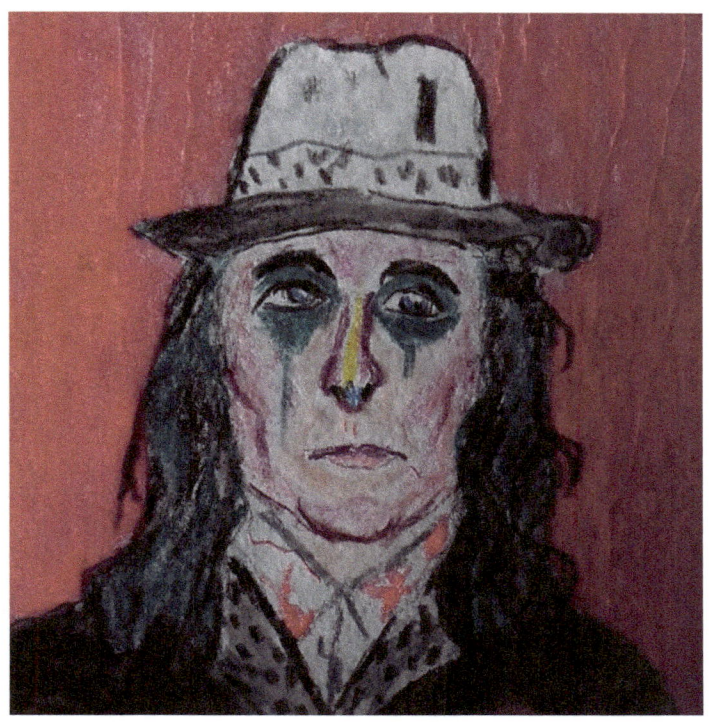

Amerikanischer Rockmusiker

„Bier trinken ist einfach, sein Hotelzimmer verwüsten, ist einfach. Aber Christ zu sein, ist schwierig. Das ist Rebellion."

KEITH RICHARDS

(*1943)

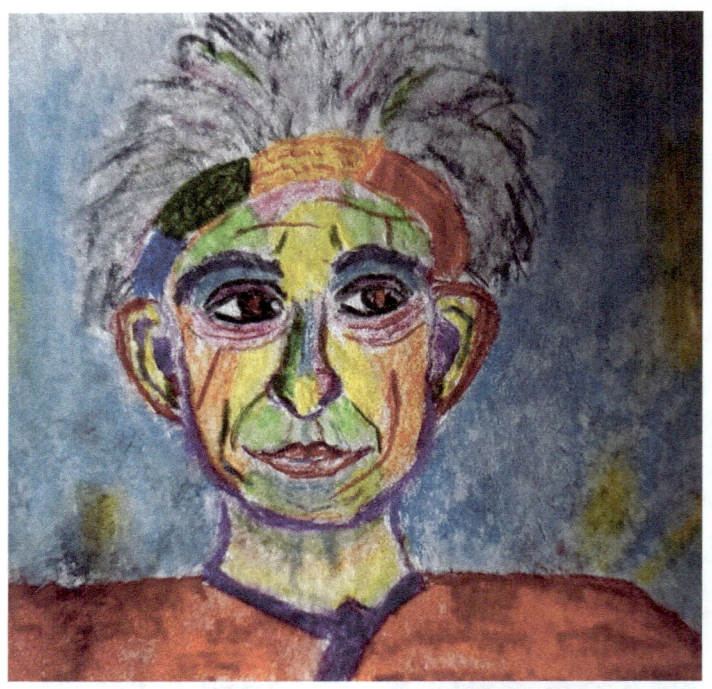

Britischer Musiker und Songwriter. The Rolling Stones.

„Drinks waren nie mein Problem. Die besten Songs habe ich hackevoll geschrieben."

"Musik ist ein Grundbedürfnis. Nach Essen, Luft, Wasser und Wärme, ist Musik die nächste Lebensnotwendigkeit."

MARIUS MÜLLER-WESTERNHAGEN

(*1948)

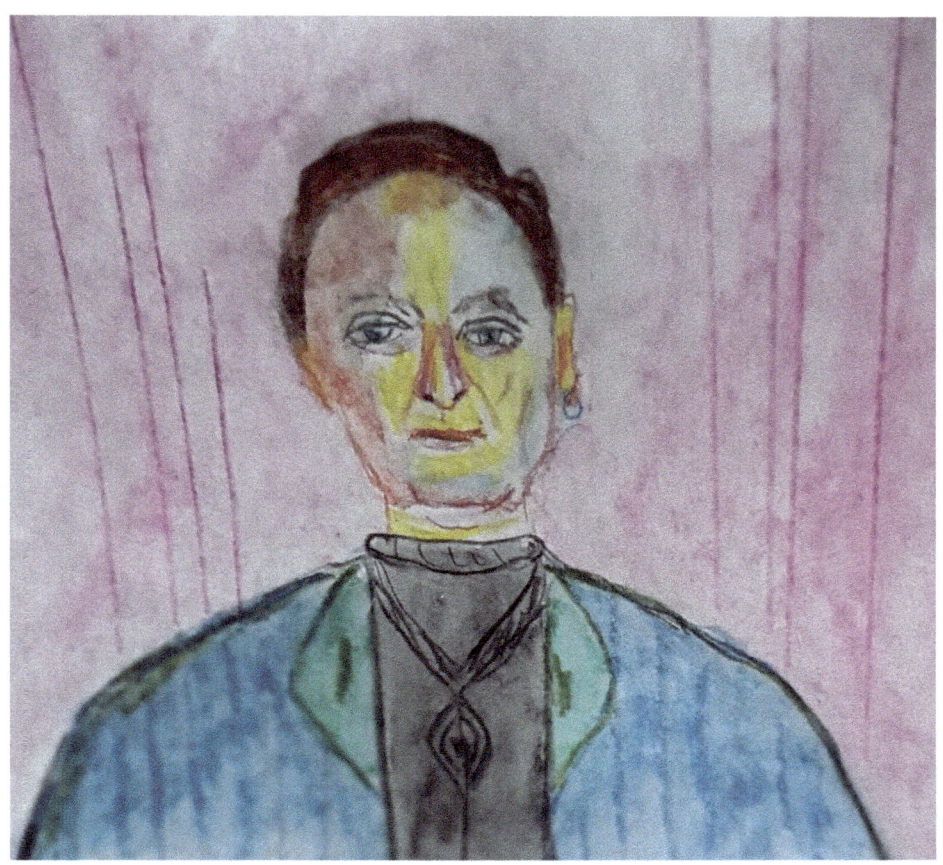

Deutscher Rockmusiker, Singer-Songwriter
„Schweigen ist feige, reden ist Gold."

SINEAD O'CONNOR

(1966 – 2023)

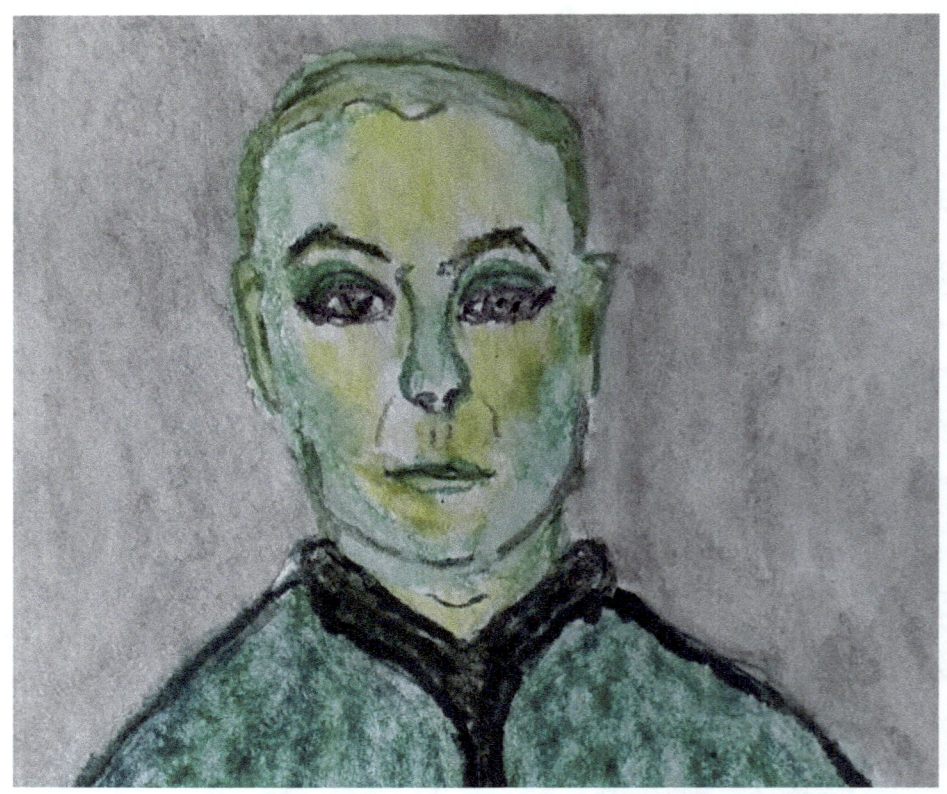

Irische Sängerin, Songschreiberin, Aktivistin

„Lieder sind wie Seile an denen man sich festhalten oder hochziehen kann."

PHIL COLLINS

(*1952)

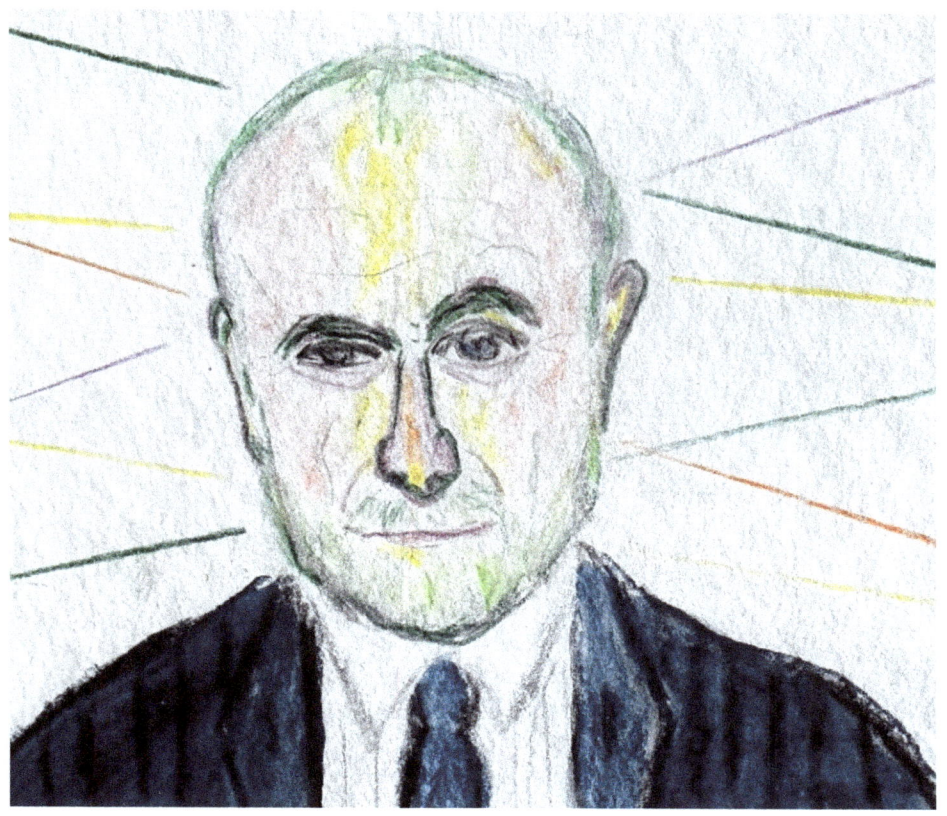

Britischer Schlagzeuger, Gitarrist, Sänger, Songwriter, Produzent und Schauspieler
„Ab einem bestimmten Punkt ist es nicht mehr meine Musik, sondern eure."

ERIC CLAPTON

(*1945)

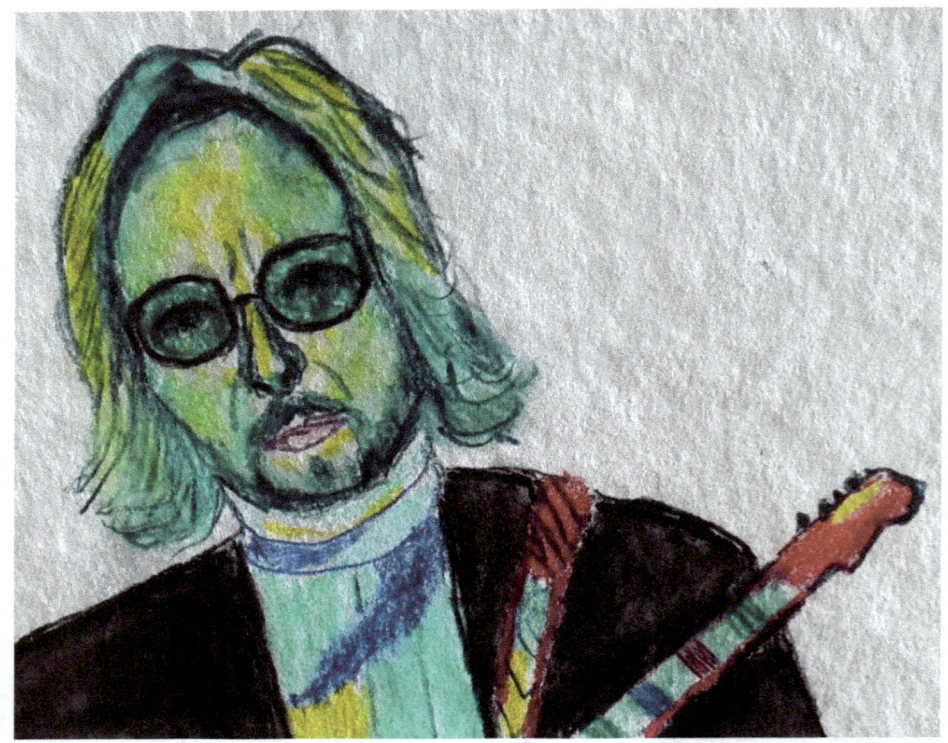

Britischer Gitarrist, Sänger, Songwriter. Beiname „Slowhand". Supergroup „The Cream".

„Gebt mir eine Gitarre und ich werde den Blues spielen. Das mache ich automatisch."

CHARLIE WATTS

(1941 – 2021)

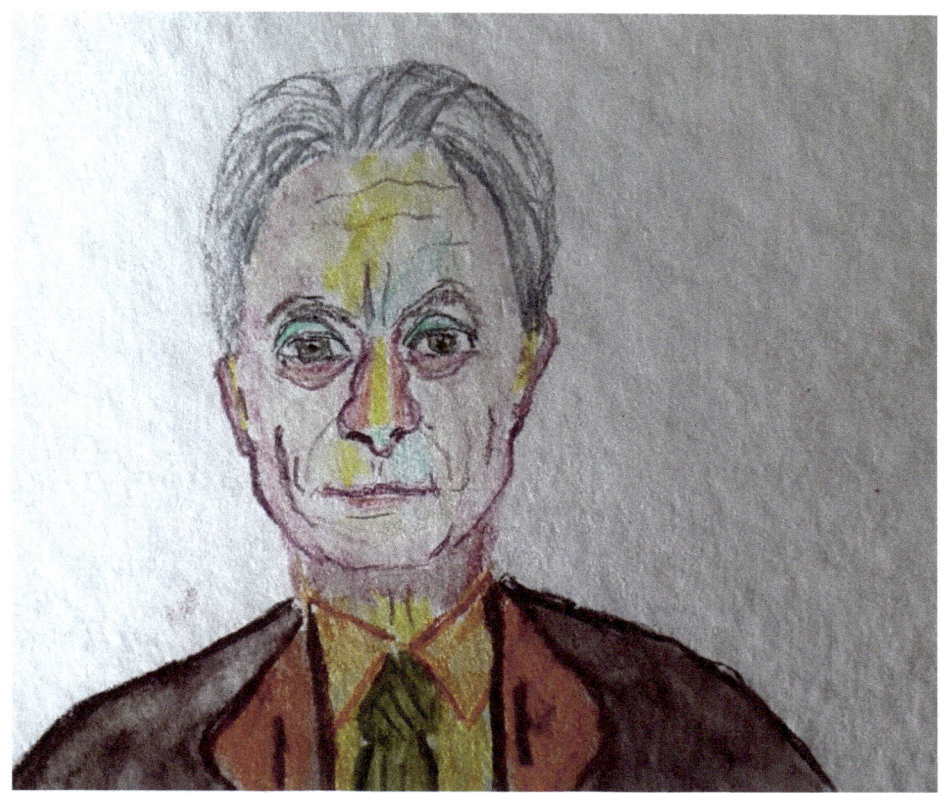

Schlagzeuger der Rolling Stones

„Ich langweile mich überall. Das einzige Mal, wenn mir nicht langweilig ist, wenn ich zeichne, Schlagzeug spiele oder rede. Ich rede viel, normalerweise über nichts und alles widersprüchlich."

PAUL MCCARTNEY

(*1942)

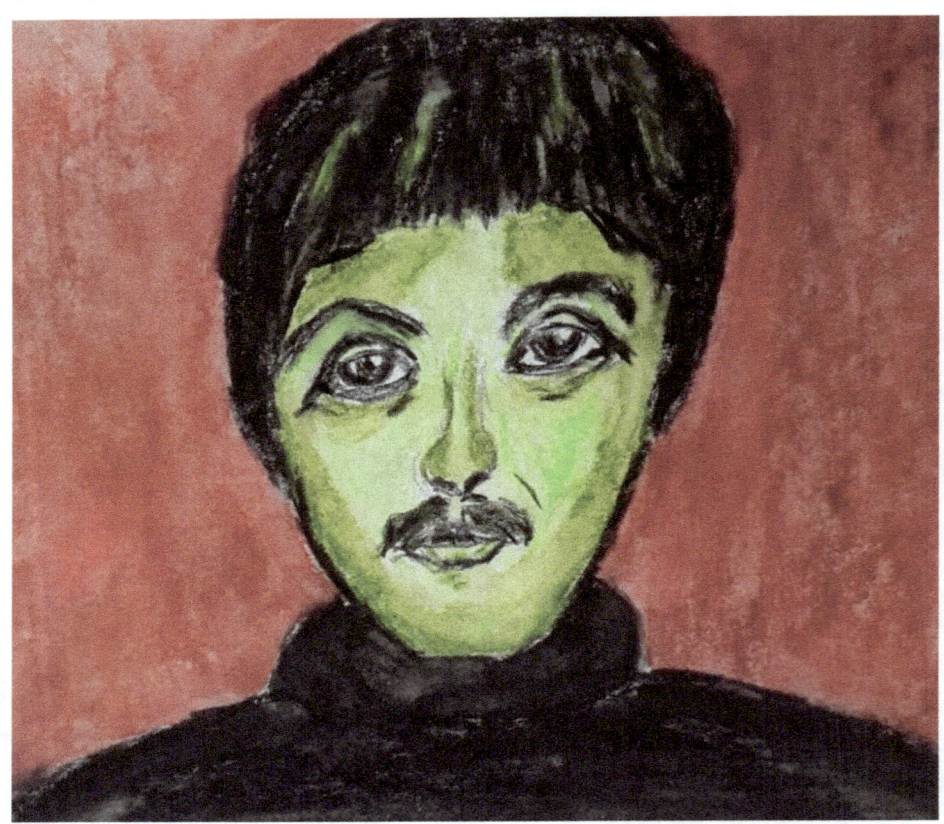

Britischer Musiker, Singer-Songwriter, Maler, Filmproduzent

„Musik ist ein Vehikel für Traurigkeit, aber auch für Freude. Und wenn gelingt, beide Extreme zusammenzubringen, entsteht Magie."

ELTON JOHN

(*1947)

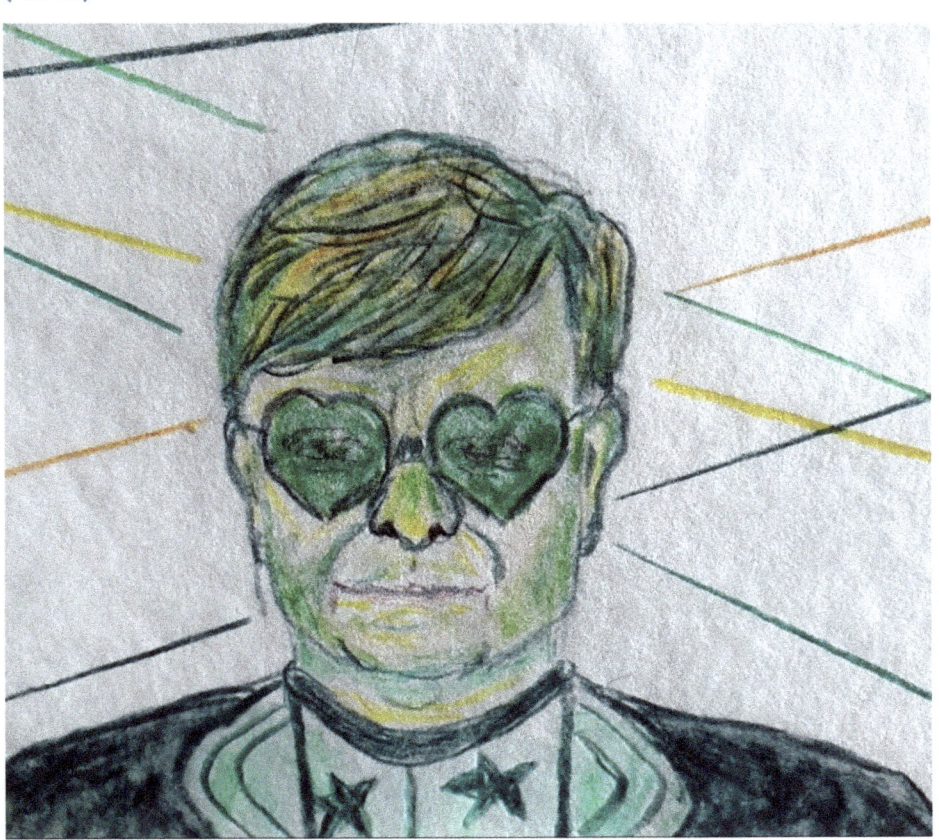

Britischer Sänger, Pianist, Komponist"

„Es ist besser, eine Brücke als eine Mauer zu bauen."

STING

(*1951)

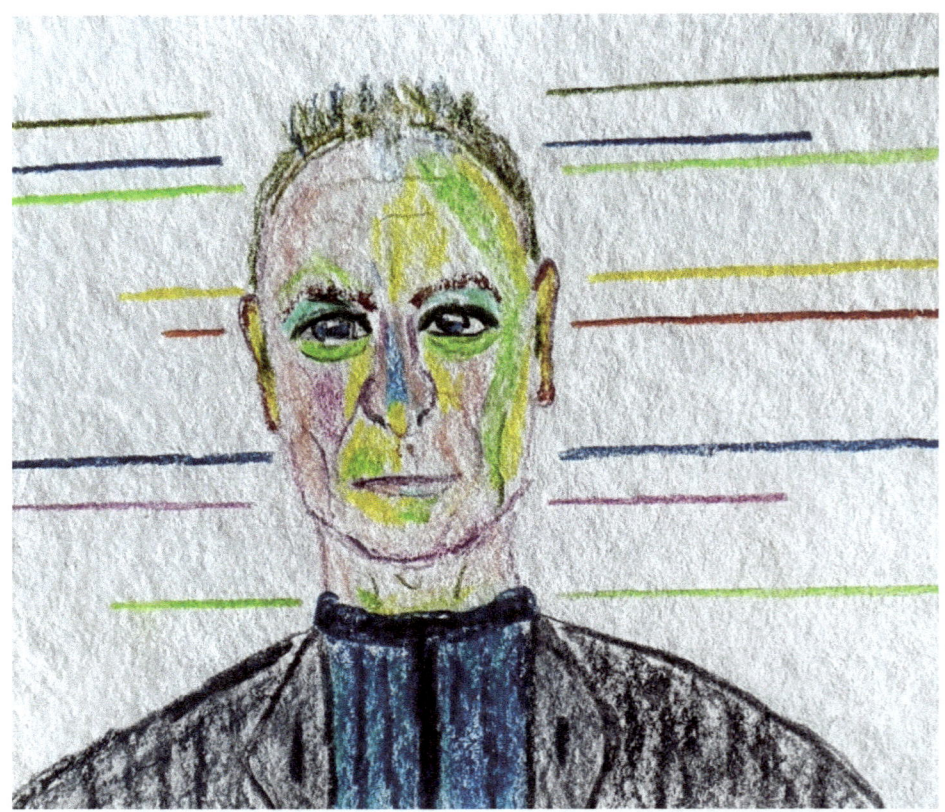

Englischer Musiker, Komponist, Schauspieler

„"Wenn ich musiziere, ist es wie eine Art Gebet. Ein Dank für diese Gabe."

BUNTKÖPPE DER MUSIK

ÜBER DIE AUTORIN

Dr. Nora Roloff

Das Leben und wie man auch zur Malerei kommen kann.

geboren 1957 in Berlin, die längste Zeit gewohnt in Mecklenburg

1975 Abitur in Neubrandenburg

1975 - 1979 Studium der Germanistik und Geschichte in Greifswald,

1984 Promotion in Rostock,

wissenschaftliche Lehrtätigkeit,

verheiratet, zwei Söhne,

Wende 1989, gesundheitliche, persönliche und berufliche Veränderungen,

Fernstudium der Politik- und Verhaltenswissenschaften,

andauernde, oft auch unbewusste Suche nach kreativen Ausdrucksmöglichkeiten,

der Auslöser: Reise zum Jahrtausendwechsel nach New Orleans, Kauf eines prächtig farbenfrohen Bildes, das nie in Deutschland ankam!

Die Reaktion: Wut und Fruste, Beginn des Nachmalens und damit der Start der Entdeckungsreise in Richtung Farben,

die Realität: mehrere Ausstellungen vorwiegend im norddeutschen Raum, Beteiligung an "Kunst offen" zu Pfngsten.

www.ingramcontent.com/pod-product-compliance
Lightning Source LLC
Chambersburg PA
CBHW050238230526
45470CB00005B/2016